MADAME P. CAPTANIAN

PARIS
M. FLINIKOWSKI, ÉDITEUR
216, BOULEVARD RASPAIL
MCMXIX

MADAME P. CAPTANIAN

Mémoires d'une Déportée

PARIS
M. FLINIKOWSKI, ÉDITEUR
216, BOULEVARD RASPAIL
MCMXIX

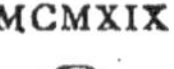

AVANT-PROPOS

JE présente ce livre à mes compatriotes endeuillés qui se trouvent en terre étrangère, impatients de connaître toute la vérité sur les déportations de 1915. C'est le témoignage d'une exilée qui partagea les souffrances infligées par la cruauté turque à des milliers de malheureux. J'ai décrit ce que j'ai vu et ce que j'ai éprouvé. Malheureusement le journal où j'avais noté les faits et les événements a disparu. Des montagnards l'ont jeté à l'eau comme papiers inutiles, en même temps qu'une liasse de billets de banque soustraite à mes compagnons d'exil. Toutefois, les souffrances endurées ont si profondément sillonné mon âme, et tout mon être est si plein de ce cauchemar, que je suis parvenue à le reproduire avec une exactitude satisfaisante.

Mais que dis-je? Est-il possible de décrire les horreurs d'une pareille situation? Non. La férocité délirante qui s'acharna sur nous est impossible à exprimer, tant elle dépasse toute imagination, comme toute expression humaine. Seules les victimes peuvent réaliser, dans leur propre souvenir, ce qui est et restera mpossible à décrire.

Et si je dis que parmi mes compagnes d'infortune, je fus encore celle qui eut le moins à souffrir, que le lecteur essayc d'imaginer, après avoir parcouru ces pages, ce que fut leur vie, durant ces quatre terribles dernières années.

Les pertes que nous avons subies sont cruelles et irréparables; aussi nous sera-t-il, après cela, permis d'espérer que les pleurs et les gémissements de toute une nation martyrisée trouveront un écho dans le cœur des nations civilisées? Trouveront-elles suffisantes nos souffrances séculaires pour que la Conférence de la Paix y mette un terme et pour que, prenant en considération les torrents de sang versés pour la cause de la liberté des peuples, elle résolve la question arménienne de telle sorte que les survivants soient à jamais libérés du joug criminel qui les a accablés et indemnisés de leurs pertes et de leurs sacrifices?

La destruction du Foyer

Les jours se sont écoulés, rapides, et je me trouve encore au Pirée, loin des êtres qui me sont chers. Où est mon père ? Qu'est devenu mon mari avec qui je n'ai vécu que six ans ? Combien furent heureuses ces quelques années, durant lesquelles nous tenions dans nos mains la chose la plus précieuse qui soit ici-bas, l'affection mutuelle.

Seule la mort d'un enfant avait un moment assombri le clair horizon de notre existence, mais son doux souvenir, ainsi que les larmes qu'il nous fit verser n'avaient fait, si j'ose dire, qu'embellir encore davantage notre bonheur en l'enveloppant comme d'une brume de tristesse. Nous aimions bien notre Heraïr. C'était un enfant angélique, avec des yeux superbes, au regard doux et caressant. Après une courte maladie, un jour de printemps, il penchait sa tête comme un oiseau blessé en jetant à sa mère et à son père un regard qui était comme un appel de détresse.

En vain nous nous efforcions de le ranimer. A ce même moment fleurissait pour la première fois le jeune cerisier de notre jardin. J'en coupai quelques branches. Pourquoi fleurissait-il le cerisier, tandis que l'enfant se fanait prématurément ? J'ai couvert son corps de ces fleurs et il s'envola parmi les fleurs et les anges.

Si seulement il pouvait savoir qu'au bout de deux mois sa mère et son père se voyaient obligés d'abandonner sa tombe pour s'en aller par les routes de l'exil et de la mort !

Où sont-ils mes deux enfants, Herand et Aram, que j'ai abandonnés, alors que l'aîné avait cinq ans et le petit trois ans ? Mon cœur se consume du désir de les revoir. Toute seule, la nuit, je dis des *berceuses* à leur intention, et tandis que j'égrenne le chapelet de mes peines et de mes douleurs, mon oreiller reçoit mes larmes angoissées. Je ferme les yeux dans l'espoir de les revoir dans mes rêves, mais rarement ils m'apparaissent pour entretenir mes illusions. Le matin, au réveil, la première chose qui frappe mon regard, c'est un nid de tourterelles. Elles roucoulent doucement, tandis que les petits dorment encore dans le nid. Longuement je les contemple d'un œil jaloux et en soupirant, car leur bonheur évoque celui que je n'ai plus. L'ennemi implacable a détruit notre nid et mes petits sont dispersés. Le père, j'ignore s'il est dans les prisons ou dans la tombe avec tant d'autres. La mère erre au loin, bien loin du nid et pleure ses bien-aimés. Cependant la faible lueur d'espoir que je ne cesse d'entretenir vacille sans pouvoir s'éteindre... Peut-être, un jour, mon cher mari rallumera-t-il le foyer éteint.

Comme notre situation est incertaine et obscur notre avenir, je tiens à décrire, en les résumant, les événements que j'ai vécus, les épreuves endurées. Mais, encore une fois, comment dire ces choses? Pour cela il faudrait la plume d'Aharonian. La mienne est trop faible pour retracer avec idélité des images encore inédites dans l'histoire de l'humanité.

Persécution des membres du Parti, et mort du père Hampar

Au mois d'avril commençaient les perquisitions domiciliaires, et quelques membres du parti étaient exilés. Pourtant rien ne justifiait ces mesures extraordinaires. Qu'ils appartinssent à une fraction politique ou non, les Arméniens n'avaient souci que de satisfaire aux obligations militaires et tous ceux qui s'y étaient soustraits en payant la taxe d'exonération s'occupaient paisiblement de leurs affaires. A Samsoun et dans les districts environnants, le calme était complet. Je tiens aussi à noter que la plupart des exilés n'appartenaient à aucun parti.

Cependant l'arrestation d'un Tachnagtzagan bien connu, le père Hampar, avait causé une vive émotion dans les milieux arméniens de cette ville. Sous prétexte de lui arracher de soi-disants secrets politiques, les Turcs lui avaient infligé le supplice de la bastonnade jusqu'à ce que mort s'ensuivît. Pendant tout un mois sa tombe fut veillée par des sentinelles, de crainte que les Arméniens n'eussent l'idée d'exhumer le cadavre pour le soumettre à une autopsie qui eut révélé la cause du décès.

Déportations et conversions à l'islamisme

UNE nuit du commencement de juillet je me réveillai sous l'impression d'un rêve que je venais de faire. J'avais vu le peuple arménien en contemplation devant un rocher gigantesque qu'il semblait adorer et vers lequel allaient leurs adorations. Soudain, ce rocher diminua de volume au point que ce n'était plus qu'un bloc de pierre ordinaire posé sur une espèce de socle et dans une position instable. Troublée, je dis à mon mari : « Explique-moi donc cette merveille. La transformation du rocher serait-elle l'effet d'un cataclysme ?» Ce disant je me réveillai.

Le jour commençait à poindre lorsque j'entendis dans la rue un bruit de conversation. M'étant approchée d'une fenêtre, je vis un groupe de gens attentifs à lire une affiche. Je leur demandai de quoi il s'agissait. L'un d'eux me répondit : « C'est une proclamation de l'autorité. On nous fait savoir que nous serons déportés vers les contrées du Sud. » Par *nous* il entendait parler des Arméniens. Cette réponse me fit frissonner, mais mon anxiété redoubla lorsque j'appris que la police venait d'interdire toute communication entre les divers quartiers. Les gens qui s'étaient rendus au bazar devaient revenir sur leurs pas. Les passants étaient arrêtés, tandis que se multipliaient les perquisitions domiciliaires. Détail aggravant, la police ne relâchait que les particuliers qui consentaient à se convertir à l'islamisme. Ils étaient mis en demeure d'opter entre l'exil et l'apostasie.

Les hommes étaient conduits au village de Hellez. Des charrettes étaient réquisitionnées où devaient s'entasser femmes et enfants avec tout ce dont ils pouvaient se charger. Quelques résistances se produisirent qui devaient être réprimées avec la dernière brutalité. Qu'on imagine leur angoisse en se voyant ainsi arrachés de leurs foyers. Les hommes étaient déjà partis, acheminés vers une direction inconnue. Les familles suivaient, entassées dans des charrettes escortées d'agents et de paysans turcs armés. Ce n'était partout que pleurs et lamentations. Les femmes perdaient connaissance. Et les pleurs des tous petits! Quelle pitié, mon Dieu !

On apprend enfin que nous allons être dirigés sur Deir-Ul-Zor. Ayant consulté une carte nous constatons que le voyage sera long et pénible sous le soleil d'été. Nous avons deviné qu'on le ferait à pied, et prévu aussi que la mort nous attendait sur la longue route. En attendant cette perspective la discorde régnait dans plus d'une famille. Cédant à la peur, on voyait l'homme se convertir, alors que la femme et les enfants persistaient dans la foi et préféraient l'exil. Une femme s'empoisonna avec tous ses enfants plutôt que de suivre l'exemple de son mari.

Toute une famille de mon voisinage s'était convertie, et l'on voyait un *hodja* (1) venir deux fois par jour pour leur enseigner la doctrine et les pratiques de sa religion. Ce spectacle nous déchirait le cœur. Je sentais à ce moment vibrer

(1) Religieux Turc.

en moi toutes les émotions exprimées par Raffi dans son *Samuel*. C'était à la fois un sentiment de répulsion et de pitié que j'éprouvais pour ces malheureux. Je ne pouvais me faire à l'idée qu'on preférât la mort morale à la mort elle-même. Par bonheur, la plupart des chrétiens préférèrent la mort et tous se déclarèrent prêts à braver les périls de la route, les uns encourageant les autres. Une cinquantaine de familles, au plus, succombèrent à la tentation. Notre plus grande douleur était de nous voir sans moyens de défense contre les atrocités de nos bourreaux. Mon mari ne cessait de répéter, avec une colère concentrée, que son seul désespoir était que la nation eût été prise au dépourvu.

A Samsoun, quelques Arméniens avaient proposé d'organiser une défense qui eût pris un caractère désespéré; mais leur avis ne prévalut point. Les plus modérés craignaient les suites d'une rébellion qui eût exposé la population entière à une extermination sans merci. Les Turcs disposaient à Samsoun d'une nombreuse garnison et la lutte eût été inégale. Néanmoins, on doit reconnaître que les conseils dictés par la prudence ont été mis en défaut par les événements, car la nation n'en a pas moins été exterminée.

Ceux qui ont été arrachés à la mort

Nous apprenons que le métropolite grec a demandé que les enfants lui fussent remis pour les soustraire aux périls d'un pareil voyage. Aussitôt, nous prenons le parti de lui confier les nôtres. Le même jour les autorités avaient donné aux soldats arméniens l'ordre de se réunir à Top-Hané. Me mêlant aux femmes qui allaient de ce côté, je gagnai le quartier grec tenant par la main mes deux enfants, Herand et Aram. Il pleuvait. J'avais le cœur bien gros et mes yeux se mouillaient de larmes. J'approchais du moment où j'allais me séparer de mes enfants, sans doute pour toujours. L'évêché grec est éloigné de la ville. Aram se plaint de la longueur du chemin : « Où allons-nous, maman ? me demanda-t-il, je suis las. Tu vas au bain ? » — « Non, mon fils » lui répondis-je, la voix brisée.

La pluie ne cessait de tomber. Nous pressons le pas. Où trouver, mon Dieu, la force nécessaire pour supporter cette cruelle séparation ! Nous pénétrons dans la maison. Le métropolite m'accueille avec bonté et me conduit au salon.

— Ne pleurez pas, Madame, me dit-il, vos enfants sont sauvés. A ces mots, Herand et Aram lèvent les yeux sur moi et me regardent avec surprise. Ils font un effort pour comprendre, les chers petits. Je prie le Prélat de me présenter à la femme qui devait désormais leur tenir lieu de mère. Il envoie quelqu'un pour lui faire dire qu'on l'attend. Puis il me fait conduire dans une pièce remplie d'enfants arméniens. On les avait réunis là pour que les familles grecques, auxquelles ils étaient destinés, pussent faire leur choix. On choisissait les plus beaux. Le spectacle de tous ces enfants réunis à cet endroit me rappela la scène de la Case de l'oncle Tom où l'on voit de petits noirs mis en vente. Un jeune homme accompagné d'une vieille femme se présente. C'était la mère et le fils. Alors, la sœur du métropolite prend Aram dans ses bras et le montre avec fierté. A cause de ses boucles blondes dont s'encadrait son visage fin et délicat, on l'avait pris pour une fillette. Le jeune homme me dit qu'il n'avait d'abord songé qu'à n'en adopter qu'un seul, mais qu'il se décidait à adopter également l'autre pour qu'ils ne fussent point séparés. Je le remercie de cette pensée généreuse, non sans pousser un profond soupir. « Lorsque vous ne serez plus là, contentez-vous, ajouta-t-il de les suivre de loin et de façon discrète, de crainte que quelque trahison ne vienne occasionner leur perte. » Puis il nous mène chez lui. Sa jeune femme qui nous attendait vient au devant de nous, considère un instant les enfants avec curiosité, et pendant que nous montons les escaliers, elle leur offre un bouquet. Tous deux avaient repris leur gaieté et je profite du moment où ils se partagaient les fleurs pour me dérober. Après les avoir embrassés, je leur dis : « Restez là, je sors pour boire un verre d'eau ». Les sanglots m'étouffaient.

Une fois seule, ma douleur déborde et je perds connaissance. Revenue à moi, je pleurai abondamment, livrée tout entière à mon malheur. Comment me résoudre à abandonner mes enfants, moi qui n'avais jamais voulu les confier à qui que ce fût jusqu'à ce cruel moment ; mais l'abandon était le seul moyen de les soustraire au destin qui m'attendait. J'avais emporté ma photographie et celle de mon mari. Je les remets à celle qui doit me remplacer auprès d'eux. « Madame, lui dis-je, je ne doute point de notre fin prochaine. Nos enfants seront les vôtres. Vous les aimerez, et naturellement ils vous aimeront. Je ne suis point jalouse de vous puisqu'ils vous devront la vie et que je vous dois de la reconnaissance. Seulement, laissez-moi vous demander la faveur de garder ces photographies pour les leur montrer lorsqu'ils seront en âge et pour qu'alors ils puissent au moins savoir quels furent leurs parents. Je vous prie d'accomplir ce dernier vœu d'une mère ».

Les sanglots m'étouffaient et je pleurais éperdument. La jeune femme gagnée par mes larmes, pleurait de son côté. Elle entreprend de me consoler de son mieux : « Rassurez-vous, me dit-elle, vos enfants seront bien élevés et je soignerai leur éducation ». Elle me presse la main tandis que je m'éloigne en fermant doucement la porte derrière moi pour ne pas éveiller l'attention de ceux que j'abandonnais.

J'étais en retard. Le jour commençait à tomber. J'allais voir ma sœur Mariné. Ce devait être notre dernière entrevue. Je trouvais la maison vidée de tous ses meubles. Elle venait de livrer son dernier né à un riche célibataire grec qui avait pris une nourrice pour le soigner. Abîmées de douleur nous confondons nos larmes, tandis que mon beau-frère nous considérait avec angoisse. Pendant ce temps, les seins de ma sœur étaient engorgés et elle en souffrait ; et cette circonstance nous rappelait, encore plus douloureusement, la séparation de nos enfants.

Séparations douloureuses

Dès la première heure du jour j'avais été embrasser ma sœur, avec l'idée que c'était pour la dernière fois, puis je rentrai à la maison. Une charrette stationnait à la porte. Un agent me dit de me dépêcher, car nous allions partir. Je me précipitai dans les escaliers. Sur ma demande, le métropolite grec avait consenti à garder ma belle-mère. Il m'avait même proposé de me garder. Je refusai, ne voulant à aucun prix me séparer de mon mari. Nous n'avions que juste le temps de l'envoyer dans une maison du voisinage d'où elle devait se rendre secrètement dans le quartier grec. Pauvre femme! Le visage inondé de larmes, elle eût à peine le temps d'embrasser son fils. « Prends courage, mère, lui dis-je, en la serrant dans mes bras. Hâte-toi de partir, ils pourraient te voir ». Ma belle-mère avait beaucoup souffert au cours de son existence. Son mari avait été victime des massacres de 1895. Seule, elle avait élevé ses enfants, en travaillant dans les conditions les plus pénibles; toute sa vie s'était consumée dans le deuil et la tristesse. Elle n'avait connu d'autre passion que celle d'élever convenablement ses enfants, toute au soin de leur inspirer les sentiments de vengeance qui l'animaient. A peine ses larmes étaient-elles séchées qu'on lui arrachait son fils aîné. Elle avait tant pleuré comme arménienne ; elle allait, désormais, pleurer comme mère. Je n'eus que le temps d'ajouter ces autres paroles en prenant congé d'elle : « Ne te désespère pas ainsi, mère, notre vie a été abîmée, mais peut-être tes petits-fils nous vengeront-ils ? ».

Nous entassons en hâte quelques vêtements dans des valises. Nous emportons des matelas, des couvertures, des vivres. A peine sortis de la maison, l'agent ferme la porte et met la clef dans sa poche. La charrette s'ébranle et nous voilà partis. L'émotion nous étreignait. Nous comprenions que c'en était fait du paisible foyer où nous avions connu le bonheur. Mes yeux ne pouvaient s'en détacher, tandis que nous nous éloignions. Nous passons devant la maison où sont nos enfants. Comment rendre ce que je sentis à ce moment ! Je n'étais séparée d'eux que depuis la veille et cependant j'éprouvais un irrésistible besoin de les voir encore une fois ; mais il fallait se contenir. Il faut qu'ils vivent, me disais-je, résignée.

D'autres charrettes nous rejoignent bientôt. Le soir de ce jour, on s'arrête à une première étape. Le lendemain, nous atteignons Tchakalleu où nous stationnons deux jours. Tous les *Khans* (1) étaient pleins d'Arméniens et nous ne tardons pas à apprendre qu'une vive effervescence régnait parmi eux. Quelques-uns avaient été autorisés à rentrer à Samsoun avec la promesse qu'ils embrasseraient l'islamisme. Cette défection avait excité l'indignation générale et les renégats étaient devenus un objet de mépris et de répulsion pour les autres.

On ne pleurait plus et les visages avaient repris quelque

(1) Hôtellerie turc.

sérénité. On dirait que l'appréhension du malheur est plus pénible que le malheur lui-même.

Tous les matins de nouveaux convois se formaient, escortés de gendarmes qui étaient changés à chaque étape. Le lendemain on s'arrête à Cavaklou où nous assistons à une scène des plus affligeantes. On y circoncisait des Arméniens islamisés. Ceux qui venaient de subir l'épreuve se promenaient l'air rassuré, vêtus de longues chemises blanches.

Nous approchions de Hafza lorsque le maître de musique de l'école nationale de Samsoun mourut subitement dans sa charrette. Il n'avait pu surmonter la violence de son chagrin. Ses enfants et sa femme se lamentaient tandis que le véhicule continuait sa marche emportant le mort avec les vivants. A Hafza, ce ne fut qu'après maintes et maintes supplications qu'on parvint à obtenir l'autorisation de confier le corps à la communauté grecque de l'endroit. De là on nous dirigea sur Elévi où l'on passa la nuit dans un khan à tel point délabré que l'on craignait de le voir s'écrouler à chaque instant.

Le lendemain on se remit en route pour Amassia. Le temps était superbe. Mon mari et moi nous nous entretenions de nos enfants. Que font-ils à cette heure? Ont-ils pleuré beaucoup? Qu'ont-ils pensé de leur maman quant ils ne l'ont pas vu revenir. C'était la première fois que leur mère les trompait.

Nous nous préoccupions aussi de notre avenir. De sombres pressentiments nous engoissaient. Jusqu'à Deir-Ul-Zor, sous un ciel torride et par quelles routes! Vers le soir nous arrivons à Amassia. La moitié de la population arménienne de la ville avait été déjà déportée; il n'y avait là que des femmes et des enfants. On avait fait partir tout d'abord les hommes, on ne savait dans quelle direction.

Les Turcs racontaient avec une complaisance affectée qu'à une heure de distance de la ville ils avaient été égorgés jusqu'au dernier. Les quartiers non évacués présentaient un spectacle inoubliable. Les femmes vendaient tout ce qu'elles pouvaient pour faire un peu d'argent. Un objet d'une valeur de trois livres turques était cédé pour cinq ou six piastres (1), et le reste à l'avenant.

La permission de nous laisser passer la nuit à l'hôtel nous fut refusée et l'on fit halte sur un terrain vague situé en face de St-Ohannes. Ce traitement nous impressionna. De plus en plus on nous traitait en parias et comme des êtres qu'on n'a plus à ménager. Quelques uns obtinrent la permission de faire quelques menus achats et de voir leurs amis. Après quoi on prit la direction de Tokat par Leileh, Tourkol, Yeni-Khan et Tchenguel. En entrant à Tokat, nous apercevons de jolies filles arméniennes, qui se rendaient seules dans un jardin pour y cueillir des fruits. Nous apprenons par elles que tous nos coreligionnaires, les hommes d'abord, puis les femmes, avaient été déportés. Par contre, les femmes jeunes avaient reçu l'ordre de rester dans leurs demeures. Nous passons devant la prison. Quelques Arméniens s'y trouvaient encore enfermés; leurs femmes ayant voulu leur porter des vivres, elles en avaient été empêchées par les policiers qui les chassaient à coup de fouet. Nous demandons à un passant des nouvelles de Chavarch Vartabed. Il nous apprend qu'il avait été conduit hors de la ville et assassiné. Cela affligea particulièrement mon mari. Ils avaient été élèves

(1) Cinq piastres équivalent à environ 1 franc.

de Mgr. Tourian et condisciples au séminaire d'Armach. A Tokat on nous empêche, encore une fois, de passer la nuit à l'hôtel. Hors de la ville!... ordonnent les gendarmes. Encore une nuit à passer en plein air. Le lendemain nous apercevons le long de la route des cadavres à demi enterrés; nous ne pouvons nous empêcher d'en tirer de sinistres pronostics, et la terreur nous pénètre de plus en plus. On traverse Tchamlibel, Char-Kichla, Tchiflej. En passant par cette dernière localité nous rencontrons environ deux cents prisonniers, marchant deux à deux et escortés par des gendarmes. L'un d'eux nous dit qu'ils venaient de Vizir Kepru.

Vers le soir, nous pénétrons dans un village, où nous faisons halte en plein air. Notons que partout sur notre passage, les maisons arméniennes offraient l'image de la dévastation. Les portes étaient ouvertes, les vitres brisées et les meubles dispersés. Mais ce que nous devions voir ici présentait un aspect tout particulier de désolation. C'était un grand village arménien avec une belle église, le premier que nous trouvions sur la route. Ici, comme ailleurs les maisons avaient été forcées, les portes ouvertes et les fenêtres brisées. Par curiosité nous pénétrons dans ces demeures. Partout, çà et là, dispersés dans un désordre inexprimable, des ustensiles de cuisine, des matelas, des vêtements ; nous y découvrons des provisions de bouche, de la farine et du blé. Dans la cuisine il y avait du lait caillé, des aliments placés sous des tamis, pour les préserver des mouches. Et dans ces intérieurs déserts, qui regorgeaient de victuailles, erraient les poules avec leurs poussins. De tout cela on pouvait conclure que les habitants, pris à l'improviste, venaient d'être tout récemment chassés. On n'entendait que le murmure des sources et les piaillements de la volaille. Nous visitons l'église dont la porte était grande ouverte. Une bible lacérée traînait sur le pavé, avec des objets de culte. Tout-à-coup apparut une vieille femme. Comment se trouvait-elle là? L'avait-on oubliée ou bien s'était-elle cachée, dominée par un invincible instinct d'attachement au foyer? Nous lui demandons s'il n'y a pas dans le village, une autre personne qu'elle. Elle fit un geste négatif et, sans dire un mot, disparut dans une ruelle. On eut dit un esprit venu là pour se lamenter sur cette désolation. Aucun être humain pour nous dire ce qu'avait été ce drame. Je ne peux me faire à l'idée que ces demeures n'entendront plus jamais les berceuses des mères et les chansons des enfants. Et pourtant toute joie est désormais interdite à la nation arménienne.

Nos charretiers pénètrent dans les maisons et font main basse sur tout ce qu'ils trouvent à leur convenance. Le lendemain nous nous remettons en route et nous atteignons Char-Kechla où nous trouvons une grande foule d'Arméniens. Il y avait là tous les déportés d'Amassia, de Bafra, de Tokat, de Marzivan et d'autres villes et villages. Les uns apprêtaient leur repas, d'autres vendaient leurs effets d'habillement au plus bas prix aux villageois turcs. J'en ai vu qui mendiaient. Nombreux étaient ceux qui s'étaient mis en route sans argent. La faim les avait épuisés. Une femme, devenue folle, injuriait les Turcs; elle ne cessait de crier : « Ma maison est en feu, éteignez-la! ». Son œil de démente ne voyait que des flammes. Des femmes venaient d'accoucher au soleil, dans un dénuement complet. Je regagne ma charrette et prenant ma tête à deux mains, je m'abîme dans de sinistres pensées. Dans quelle vallée, ou dans quel coin de montagne allai-je moi-même mettre au jour l'enfant que je portais? Quel sera son berceau de terre?

« Ne pleure pas, mon âme, me dit mon mari qui s'efforce de me consoler, alors qu'une larme glisse sur sa joue. Nous avons encore cinq ou six mois pour songer à tout cela; qui sait ce qui peut arriver dans l'intervalle. Tu es assez souffrante comme cela pour te laisser aller à des soucis que que l'on connaîtra toujours assez tôt ». Le fait est que depuis deux jours ma santé allait en dépérissant; nous souffrions cruellement de la chaleur, et le drap de lit que nous avions disposé au-dessus de nos têtes nous abritait insuffisamment contre l'ardeur du soleil. Les cahots de la charrette m'incommodaient horriblement. J'avais la fièvre et une migraine intense achevait de m'accabler. Un pharmacien déporté me donna un remède qui ne me procura aucun soulagement. Mon mari pensait que je ne supporterais point le voyage. Quelle misère! Soigner une malade dans un véhicule primitif, sans cesse secoué par les ornières de la route interminable.

Le village maudit

Nous atteignons Tonouz, bourgade située à cinq heures de Sivas et que je n'oublierai pas jusqu'à l'heure de la mort.

Comme à l'ordinaire, les gendarmes nous obligent de passer la nuit en plein air. Cette fois-ci c'est dans le creux d'un ravin situé à trois heures de distance de Tonouz qu'ils nous font camper. Tout d'abord un détail attire mon attention. Nos gendarmes tiennent de mystérieux conciliabules et chuchotent on ne sait quoi entre eux, et ce manège ne laisse pas de nous inquiéter. A la pointe du jour on voit arriver cinq ou six soldats qui apportent la nouvelle que le Sultan a accordé une amnistie et que l'ordre a été donné de nous ramener à Samsoun. Là-dessus les charrettes font demi-tour et reprennent le chemin déjà parcouru. Cette nouvelle excite des transports de joie chez les uns, mais laisse sceptique le plus grand nombre. Envahie par un mauvais pres sentiment, je dis à mon mari : « Captan, il me semble que nous sommes menacés d'un grand malheur ».

Encore une fois nous rentrons à Tonouz. A peine étions-nous arrivés que les hommes qui faisaient partie de la caravane, au nombre de plus de trois cents, sont réunis à l'écart et isolés. Puis les gendarmes les alignent deux à deux, et sur un signe ils sont conduits dans une étable qui se trouvait en face du campement et où ils sont enfermés. Cela fait, ils donnent aux charretiers l'ordre de fouetter les chevaux et de s'éloigner en toute hâte. Subitement rendues furieuses, les femmes sautent par dessus les charrettes en poussant des cris : « non, nous ne partirons pas d'ici avant que vous nous ayez rendu nos hommes. Tuez-nous s'il le faut criaient-elles, mais nous ne partirons pas ». Une clameur immense s'élevait de cette foule exaspérée. J'avais demandé à mon charretier de porter un paletot à mon mari et je descends à mon tour de la charrette, mais je chancelle sur mes jambes, en proie au vertige. Je me dirige vers cette prison, et je demande à une sentinelle la permission de regarder à une petite fenêtre. Il y consent et je m'approche. Quel spectacle, mon Dieu! Tous ces hommes étaient là entassés dans un étroit espace. En me voyant ils appellent mon mari. Il s'approcha de la fenêtre au prix de grandes difficultés, tant ils étaient pressés les uns contre les autres. Leurs visages étaient congestionnés et la sueur coulait sur les fronts. Nous nous regardons un instant avec angoisse. Mon cœur est oppressé par tout ce que j'ai à lui dire, mais je ne réussis qu'à exprimer des choses insignifiantes : « As-tu reçu ton paletot? — Oui me répondit-il simplement ». Ses yeux étaient injectés de sang. Puis reprenant avec calme. « Soigne-toi bien, j'espère que nous ne tarderons pas à nous rejoindre ». Mais cela il le disait avec l'intention de me donner du courage, car il ne croyait pas lui-même à ses paroles. Des larmes se figeaient dans mes yeux. Il remue les lèvres comme pour ajouter quelque chose à ces paroles, mais il se tait et nous nous regardons en silence. Que d'amour dans ces derniers regards!

Soudain, je me souviens de ce qu'il m'avait dit deux jours auparavant, tandis que tristement nous nous entretenions de l'avenir. « Païladzo, m'avait-il dit, une seule idée me console ; je sais que tu mourras avec honneur ». Il n'ignorait point que je portais sur moi une dose de poison. La conviction où il était que je préférerai la mort au déshonneur lui était un sujet de consolation. Par bonheur, au cours de mon voyage, l'occasion ne s'est jamais présentée d'avoir recours à cette extrémité. J'ai noté plus haut que j'ai été du nombre des femmes qui ont le moins souffert des injures de nos bourreaux.

La sentinelle me fait signe de m'éloigner et je rejoins la caravane. Les soldats cinglaient de coups de fouet les femmes qui refusaient de monter dans les charrettes. J'entends encore leurs gémissements, leurs sanglots, les adieux déchirants qu'elles adressaient aux êtres chers qu'elles devaient abandonner là. J'essaye de les calmer pour épargner au moins aux prisonniers la peine que tous ces cris de désespoir devaient leur causer, mais elles ne m'écoutent pas. Les chevaux partent. Je jette un dernier adieu sur l'étable où j'abandonne sans espoir tous les rêves de ma vie. Tout à coup je me rends compte de l'horreur de ma situation, seule désormais dans un état particulièrement délicat. Je sanglote comme une enfant, dans un abandon absolu de ma douleur. Par un retour sur moi-même je revois tout mon passé, tous mes chers souvenirs, les divers épisodes de mon premier et unique amour, l'opposition que mon père fit à mon mariage et la peine qu'elle me causa.

Mon père appartenant à une classe élevée de la société, s'imaginait que je serais malheureuse en épousant un instituteur. J'avais des goûts très modestes et je crus bien faire en attachant ma vie à un jeune homme bien élevé et doué d'un caractère noble. Il faut croire qu'il nous a bien pardonné puisque bientôt après il écrivait à ma sœur : « Enfin, nous venons de célébrer les noces de Roméo et Juliette..... » Ce cher père, que de tendresse se cachait dans son cœur. Il avait fini par s'attacher à mon mari dès qu'il avait reconnu que nous étions heureux dans la position modeste dont nous nous accommodions avec une joie sans mélange.

Sa fin fut tragique. Suivant leur tactique habituelle, les Turcs, à Marsivan, avaient désarmé les Arméniens avant de les arrêter en masse ; le lendemain on les menait, garottés, à à une heure de la ville dans un endroit retiré où ils étaient tous massacrés. Ils étaient plus d'un millier. Les circonstances qui entourèrent sa mort contribuèrent à atténuer mon affliction. Parlant de mon père le chef de police de Marsivan avait dit à quelqu'un : « C'était un homme doué d'une volonté de fer... Il nous a tous étonnés.... Les notables turcs qui le tenaient en grande considération tentèrent de le sauver en l'exhortant à renier le christianisme. Comme je le pressais moi-même de recourir à cet expédient qui l'eût sauvé, il prit sa barbe blanche d'une main : — Je suis, me dit-il, arrivé à cet âge sans avoir rien fait dont ma conscience puisse s'alarmer. Chrétien je suis né, chrétien je mourrai ». Il mourut en héros et en martyr. Certes sa fin m'a coûté d'affreuses angoisses, mais il me semble que s'il avait succombé à la tentation, même pour un instant, son souvenir me serait moins clair dans l'esprit.

Où commencent les vols et les viols officiels

La charrette allait toujours et mon esprit inquiet ne pouvait se détacher de ma vie passée, en contraste avec l'heure présente. Redoutant l'isolement, je priai une amie de venir prendre place dans ma voiture. On s'arrêta dans un ravin. L'événement du jour fut la visite du *mudir* (1) d'un village voisin accompagné de quelques policiers. Ils se mirent en devoir de fouiller nos personnes et dans nos bagages. Ils cherchaient l'or, l'argent, les diamants et les bijoux. Ils ne voulaient que cela. Pour que nous nous laissions plus docilement dépouiller, ils cherchaient à nous persuader qu'ils ne recueillaient ces objets que pour les envoyer par la poste à Malatia où ils nous seraient rendus dès notre arrivée. Mais nul ne fut dupe de leurs mensonges hypocrites.

Quelques femmes furent dépouillées de leurs habits et fouillées jusque dans les linges les plus intimes. Mon tour arrive. J'avais dix livres turques, cachées dans l'ourlet du jupon que je portais. Je sentais que cette modeste somme, qui constituait tout mon avoir, était en grand danger. Où le mettre pour le soustraire à la rapacité de ces officiers ? Ils étaient là tout près et mon embarras était grand lorsque l'idée me vint de

(1) Maire d'une commune.

glisser une livre dans ma poche et de cacher le reste dans le sac d'avoine du cheval. Mon cœur battait. Ils m'ordonnent de me dévêtir. « Effendis, leur dis-je, en leur présentant la pièce d'une main et un collier en or de l'autre, c'est tout ce que je possède ». Pour éviter les attouchements de ces brutes, je leur donnai le collier, un souvenir de mon père. Mais je n'avais pas de collier à donner à ceux qui pendant deux mois et demi devaient renouveler quotidiennement cette opération. Quelques femmes à bout de patience voulurent s'insurger contre ces vexations. Mal leur en prit, car elles n'en furent pas moins fouillées, et de surcroit, assommées de coups de bâton.

Satisfait du présent, le mudir s'éloigna avec ses policiers pour continuer plus loin sa besogne. J'attendis que mon charretier eut remis le sac à sa place pour reprendre mon argent. Où le mettre maintenant pour qu'il fût complètement en sûreté ? Comme j'en parlais à une vieille femme, elle me conseilla de le cacher dans un endroit secret. Je suivis ce conseil sans hésiter, car mon existence dépendait de ces quelques pièces d'or. Je n'avais que trop lieu de m'apercevoir quel était le triste sort de ceux qui étaient sans argent.

La rafle fut fructueuse à souhait. Le mudir emporta quatre gros bissacs pleins d'or, de brillants et de bijoux. Il dédaigna les tapis.

Après cette aventure on nous dirigea sur Kutu-Khan par Cangal où nous apercevâmes au passage de jeunes arméniennes séquestrées qui nous regardaient à la dérobée par les fenêtres. Le *mudir* de ce village nous extorqua, sous menace de mort, cent livres turques et cent pièces de tapis.

Hélas! nous n'étions pas au bout de nos peines. Nous avions fait depuis le matin quelques heures de chemin, lorsque la plupart de nos charretiers, comme s'ils avaient obéi à un mot d'ordre s'arrêtèrent soudain. Ils déchargèrent leurs voitures de ce qu'elles contenaient, jetant le tout sur a route et s'éloignèrent en nous disant : « Vous voilà arrivés dans le vilayet de Harpout. Nous n'allons pas plus loin ».

Tandis que nous nous consultions pour prendre un parti, voilà que des paysans maraudeurs surviennent armés d'énormes coutelas. Ils font main basse sur les matelas et les couvertures qui jonchaient le sol. L'un d'eux s'approche de moi pour m'arracher mes vêtements et comme je me défendais, il me porte à la tête un si vigoureux coup de poing que ma vue s'en obscurcit. Cependant le sentiment du danger où j'étais exposée en face de ce Turc armé et décidé me fit reprendre mes sens. Je lui jetai une valise. Il la prit et se sauva. Une charrette passait par là. Je m'emparai du bissac qui me restait et me jetai sur le véhicule. « Je ne peux pas te prendre », me dit le charretier. « Ne me repousse point suppliai-je, tu auras un medjidié ». Voyant que je ne bougeais point, d'un coup sec il arrêta son cheval. « Je te dis de descendre » ordonna-t-il d'un ton acerbe. Enhardie par la singularité de la situation, je répondis sans trop savoir ce que je disais, mais sur un ton si ferme que je lui en imposai. Sans insister davantage il poursuivit son chemin.

Cet incident clos et à peine avions-nous fait deux heures de chemin que les charretiers refusent tout à coup d'aller plus loin. A l'exemple des autres, ils jettent à bas de leurs charrettes les quelques objets qui s'y trouvaient et disparaissent à leur tour. Encore une fois, nous nous voyions abandonnées dans le désert. Que faire de nos bagages? Plus tard nous eûmes occasion de réfléchir que nous aurions pu nous épargner ce souci et que tout abandonner au plus vite eût été le parti le plus sage. Un mois après il ne nous restait qu'une chemise sur le dos, sans plus. Mais l'espoir est chose tenace. Aussi bien pouvions-nous prévoir alors qu'on ne nous laisserait même pas l'indispensable? Cependant nos effets pillés successivement et en détail nous valurent du moins d'avoir détourné de nos personnes l'attention de ce peuple de malfaiteurs.

Des charrettes attelées de bœufs passant par là furent réquisitionnées par les gendarmes. C'était bien la première ois que je voyageais en pareil équipage. Relativement aux autres ils étaient plus confortables. Ils marchaient avec lenteur et l'on s'y sentait secoué à peine.

Au village de Hassan-Tchélebi nous apprenons que des déportés originaires d'Amassia, de Sivas et d'autres localités, étaient incarcérés dans un bâtiment qui se trouvait à proximité du lieu où l'on nous avait fait camper et dont nous n'étions séparés que par une rivière. Des Turcs aidés des gendarmes de notre escorte, viennent arrêter des vieillards et des jeunes gens de 17 à 20 ans qu'ils enferment dans cette prison. Du lieu où nous étions placés on pouvait voir ce qui s'y passait; nombre de prisonniers y avaient perdu connaissance. Peu après, on les fit tous sortir et on les mit sur un seul rang. Tous avaient le visage congestionné et ils semblaient heureux de respirer l'air pur. Il n'y avait pas là que des gendarmes. Des paysans turcs armés de haches et de yatagans entouraient les prisonniers. Un instant après, nous les vîmes tous partir en bon ordre vers une direction inconnue. Un silence de mort planait sur le village désert. Deux heures après nous vîmes les gendarmes et les villageois armés revenir seuls et on put observer que beaucoup portaient sur les bras des vêtements de prisonniers. Qu'avait-on fait de ces quatre cents malheureux parmi lesquels se trouvaient des enfants de 16 à 17 ans? Un de ces Turcs s'approcha de nous pour nous confier qu'il avait assisté à la scène et qu'ils avaient tous été exécutés. Son témoignage était superflu, nous nous doutions bien de ce qui venait de se passer.

Après qu'ils eurent pris un temps de repos, les gendarmes procédèrent à l'arrestation des femmes âgées qu'ils enfermèrent dans la sinistre prison. Comme entrée de jeu, on les dépouilla de tout ce qu'elles portaient sur elles. Le lendemain au matin, on les mit en demeure de choisir entre la conversion à l'islamisme et l'internement. Trente-cinq femmes parmi elles, dont sept religieuses préférèrent rester en prison. Les gendarmes les conduisirent alors au fond d'un ravin et les placèrent sur un seul rang et tandis qu'ils les couchaient en joue, l'un d'eux leur dit : « Vous allez mourir si vous persistez à ne pas vous convertir. Décidez-vous ». « Faites ce que vous voudrez, répondirent les femmes vaillantes, nous ne renoncerons jamais à notre religion, nous sommes prêtes à mourir ». Convaincus enfin de l'inutilité de leurs menaces, les gendarmes mirent bas les armes. « Allez prier pour le padischah, leur dit le chef. Je vous fais grâce ». Nous les vîmes revenir pâles et le visage défait. Après quoi un officier s'amena un papier à la main, il notifia à toutes celles qui avaient accepté de se convertir, de déclarer leur nom et de signer une formule d'adhésion à l'islamisme. Bon nombre d'entre elles se déclarèrent prêtes à accomplir cette formalité et les femmes riches furent les premières à donner l'exemple. Nous ne pûmes réprimer un mouvement d'indignation. « Etes-vous folles ? leur criait-on. Quoi, vous consentiriez à devenir les femmes de ces lâches assassins qui très probablement ont trempé leurs mains dans le sang de nos maris. Ayez donc un peu de courage. Mieux vaut mourir avec honneur que de vous rendre coupables d'une pareille infamie ». Mais hélas ! elles n'écoutaient pas et le plus grand nombre marquait de l'empressement à se soumettre à cette formalité.

On cherchait partout Mademoiselle Berdjouhi Pachkian, jeune fille dont la grande beauté avait déjà été signalée par les charretiers. On la cherchait pour en faire hommage à l'officier qui la réclamait. Nous avions formé le dessein de la cacher. A ce moment, elle se trouvait auprès de moi ; mais lorsqu'elle eut appris que, terrorisées par tout ce qui leur était arrivé et par l'appréhension de l'avenir, quantité de femmes avaient déjà apposé leur signature sur la liste, elle me demanda ce qu'il convenait de faire pour les sauver du déshonneur. « Je crois, dit-elle, qu'il est de mon devoir de me sacrifier ». Là-dessus elle alla trouver l'officier qui était occupé à enregistrer des noms sur son papier.

« Il paraît que vous me faites chercher depuis hier, lui dit-elle. Je vous ai évité jusqu'à ce moment. Je consens à rester avec vous si toutefois vous acceptez deux conditions. Tout d'abord je demande que vous déchiriez ce papier. Il faut aussi que la caravane arrive à Malatia sans que les femmes aient à essuyer d'autres persécutions et de nouveaux pillages ». Charmé de ces paroles, l'officier déchire sa liste et donne à la jeune fille l'assurance que personne ne serait plus violenté dans sa foi et qu'il allait, pour lui être agréable, tripler le nombre des gendarmes. Cette promesse répandit la joie parmi toutes ces infortunées ; elles regagnaient leurs charrettes, tandis que Mademoiselle Pachkian, accompagnée de sa mère, de sa sœur et de son frère, s'acheminait vers la demeure de l'officier turc.

Au moment où l'on attelait pour le départ, un soldat accourut pour me dire que Berdjouhi témoignait le désir de me voir encore une fois. J'y allai. Elle vint à ma rencontre et se jeta dans mes bras le visage inondé de larmes. Elle portait déjà le voile de la musulmane. « Madame, me dit-elle, je vous ai fait venir pour vous demander un dernier conseil. De grâce, dites-moi ce que je dois faire. Difficilement me résoudrai-je à vivre avec ce monstre ». En prononçant ces mots, elle me montrait l'officier qui nous regardait sans comprendre. « Fais-je bien ou mal en me sacrifiant au salut de tous ? je ne sais trop ». J'étais moi-même toute perplexe et ne savais que répondre. Nous restions enlacées l'une à l'autre et nous ne cessions de pleurer. Je lui demandai enfin si elle avait le courage de se suicider, « mais non, repris-je aussitôt, songez que vous avez un devoir à accomplir. Vous êtes d'ailleurs liée par la promesse que vous venez de faire à cet homme, et n'oubliez pas que la vie de centaines de créatures dépendent de son humeur. Pour tout dire, ma chérie, faites ce que vous dictent votre raison et votre cœur. N'oubliez pas surtout que ces mauvais jours passeront et que tôt ou tard la revanche sonnera à l'heure du destin. »

Hébétée d'émotion, je ne savais trop ce que je disais. Sur ces paroles, je pris congé d'elle. Je m'éloignai tandis qu'elle sanglotait : « Qui me vengera, mon Dieu ! », gémissait-elle. Je demandai l'adresse de l'officier pour qu'à mon arrivée à Malatia je pusse correspondre avec Berdjouhi.

En rejoignant la caravane, j'appris que les apprêts de la noce avaient commencé et que le mariage se célébrait dans la soirée. Depuis je n'ai jamais pu avoir de ses nouvelles.

Attaques féroces, vols et viols

Vers le soir nous nous arrêtons à Hékim-Han. Au cours de la nuit plusieurs jeunes filles nous étaient enlevées. Des maraudeurs rôdaient autour de nous, avides de joies. Pour nous mettre à l'abri des surprises, nous eûmes l'idée d'organiser entre nous une souscription qui donna une vingtaine de livres turques. Cette somme devait servir à encourager le zèle des gendarmes à nous bien garder. Vain espoir comme on le verra par la suite.

La nuit suivante des cris lamentables provoquent une vive panique. Ce sont des cris et des appels : « Gendarmes, au secours, au secours ! » Des Kurdes armés emportent une jeune fille. Sa mère fait des efforts héroïques pour leur arracher son enfant. Celle-ci résiste désespérément. Au cours de la lutte, un Kurde blesse la mère à la main, et le sang coule, mais comme elle ne lâche pas prise, le Kurde la frappe une seconde fois, à la suite de quoi il entraîne la jeune fille qui s'éloigne en sanglotant. Pendant quelque temps ses cris de détresse se font entendre au loin dans la nuit et nous déchirent le cœur. La terreur nous glace.

Sur un autre point du camp, une autre jeune fille est enlevée. Ce sont les mêmes cris de détresse poignants, les mêmes lamentations. Il est superflu d'ajouter qu'aucun gendarme ne vint à leur appel.

A ce même moment nous étions nous-mêmes assaillies par une autre bande Kurde mais ils n'en voulaient qu'à notre bagage. Ils emportent des paquets de vêtements, des matelas et des couvertures. Les maraudeurs s'étaient éloignés avec leur butin lorsque nous voyons accourir nos gendarmes qui s'informent des causes de ce tapage.

A partir de cet instant les attaques nocturnes devaient se multiplier régulièrement. Les gendarmes tiraient des coups de feu pour se donner l'air de nous défendre et nous encourager à la munificence. En leur société vivait un individu épais de corps qui portait le costume anatoliote et qui était soi-disant chargé de nous protéger. On verra plus loin de quelle façon il comprenait le rôle qu'il s'attribuait.

Au cours de cette journée, des incidents d'une nature différente devaient faire diversion à nos alarmes.

Un jeune homme était assis sur la route, complètement nu et couvert de sang coagulé. Il nous regardait passer sans mot dire. Le sang coulait de ses nombreuses blessures. Les gendarmes le saisissent et le jettent sur une charrette. Nous nous empressons autour de lui et nos soins le rappellent à la vie. A Kerk-Guetch il retrouve ses parents. Combien furent touchantes les larmes de son vieux père et les caresses tremblantes de sa mère.

A quelques pas plus loin de l'endroit où nous avions trouvé ce malheureux, nous voyons une femme entièrement nue et réduite à l'état de squelette, tant sa maigreur était effroyable. Son bras décharné esquissait un geste vague, puis tombait d'épuisement. Elle remuait ses lèvres sans proférer un mot. Ses yeux étaient éteints comme ceux qu'on voit sur la face des morts. Se mourait-elle de faim? Etait-elle une agonisante échappée à la tombe? Je lui jette un morceau de pain qui tombe loin d'elle. La faculté de faire arrêter les charrettes pour se porter au secours de quelqu'un nous étant refusée, il nous en aurait coûté d'enfreindre la consigne.

Le soir même nous campons dans une plaine, près de la ville de Hassan Patrik. Sitôt arrivées, nous assistons à un enlèvement de jeunes filles. L'opération, cette fois-ci, est menée par des Turcs et s'effectue avec la connivence non dissimulée des gendarmes. Au coucher du soleil, ils reviennent à la charge, et enlèvent cette fois-ci des jeunes femmes. A remarquer que, jusqu'à cet instant, on ne s'était attaqué qu'aux premières. Du coup je craignis pour moi-même. Ayant jugé nécessaire de m'enlaidir pour inspirer le dégoût, je pris une poignée de terre que, faute d'eau, je pétris avec ma salive. A peine avais-je achevé cette sorte de toilette que je vois un homme à l'épaisse carrure monter sur ma charrette armé d'un long poignard : « Je vais te tuer sur le champ si tu ne me donnes pas tout ton argent ». En disant cela, il me menaçait de la pointe de son arme. Faisant effort pour garder mon sang-froid, je lui fais remarquer que ses amis les gendarmes nous avaient déjà plus d'une fois détroussées et qu'il venait trop tard. Cela ne l'empêcha point de me fouiller le plus consciencieusement qu'il lui fût possible. Il fouilla sous les bras, à la ceinture. Plongeant la main dans une poche, il en tira un mouchoir où j'avais noué mon anneau de mariage. Ce modeste bijou que j'avais porté pendant six ans était un souvenir sacré. Il portait le nom de mon mari bien aimé, et ce m'était une consolation de penser que je l'emporterai dans la tombe. Pour le soustraire à la convoitise des charretiers, je l'avais noirci à l'iode. Mon cœur battait avec force tandis qu'il essayait de le glisser dans son petit doigt. N'y réussissant pas il le fit disparaître dans une poche. A ce geste, j'eus la sensation qu'on m'arrachait encore une fois mon mari. Après qu'il eut tout aussi minutieusement dévalisé ma voisine, il nous ordonna de descendre de nos charrettes. Il fit un tas de ce qu'il y trouva, c'est-à-dire de tout ce que ses coreligionnaires avaient bien voulu nous laisser. Il ne me laissa qu'une couverture et un petit sac où j'avais mis une chemise, une tasse et divers objets.

La nuit qui suivit cette pillerie fut non moins dramatique que les précédentes. Plusieurs jeunes filles nous furent ravies. On enlevait aussi les tout petits, les fillettes et garçons, des bras de leurs mères. Des femmes, folles de douleur, couraient çà et là pour implorer aide et secours. Les gendarmes auxquels elles s'adressaient les chassaient à coups de fouet.

On ne dormait plus. Pour avoir un peu de repos on décida que nous monterions la garde à tour de rôle pour donner l'éveil en cas de besoin.

Le lendemain nous pénétrons dans les gorges de Malatia. Nous passons devant la ville ancienne dont les ruines témoignent de la splendeur de son passé. Des princes de notre race ont foulé ce pavé, franchi les belles portes de ce temple qui subsiste encore. Et aujourd'hui, au pied de ses murs profanés, se meurent des centaines d'enfants arméniens faute d'aliments, abandonnés par les mères pour ne pas les voir expirer sous leurs yeux. Les mères allaient mourir plus loin. Et le Turc, aussi avide que sensuellement féroce, devait s'acharner sur ces êtres inertes pour les dépouiller de leurs haillons et les violer pendant qu'elles rendaient le dernier soupir. En ai-je vu sur la longue route de ces cadavres tantôt nus, tantôt demi-nus, en des poses indécentes. Des sauvages délirants, assouvis, avaient même enfoncé des morceaux de bois dans leur corps... Ma plume se refuse à en dire davantage.

De Kerk-Guetch à Malatia

Le lendemain nous campons sur les bords du Kerk-Guetch, au cours rapide, qui est un affluent de l'Euphrate. Des milliers de déportés, appartenant à toutes les classes de la société arménienne, citadins et paysans y étaient campés. Des familles restaient accroupies dans leurs charrettes. Des femmes faisaient cuire des galettes sur la cendre d'un feu de fagots ou pétrissaient la pâte. Il n'y avait dans la région qu'une source d'eau potable. Je dus traverser tout le campement pour y faire ma provision d'eau. Tout près de la source j'aperçois un grand nombre de malades couchés sur la terre nue. On n'entendait que plaintes et gémissements. Les uns étaient évanouis, d'autres exhalaient le dernier soupir. Des cadavres entraient en putréfaction. Une innomable saleté, jointe à la pourriture de tous ces corps souffrants ou en voie de décomposition, empestait l'air et empoisonnait les vivants. Le sol était couvert de haillons et de feuillets de Bible, souillés d'excréments.

Je m'approche de la fontaine, une cruche à la main. La foule s'y bousculait affreusement, impatiente d'étancher la soif qui la tourmentait. Un Turc était là pour faire la police. Mon tour n'était pas encore arrivé et j'étais là à attendre depuis deux bonnes heures lorsqu'il s'avisa de me prendre la cruche des mains pour la remplir après avoir écarté la foule. Le lendemain, tandis que j'allais au pain, je revis cet homme. Il m'accosta pour me proposer de le suivre chez lui : « Tu y seras tranquille, me dit-il, viens. » Depuis cette rencontre, je n'ai plus osé retourner à la fontaine. Notons que, partout où les caravanes s'arrêtaient, nous ne tardions pas à voir des paysans turcs rôder autour de nous pour nous engager à les suivre. Ils ne s'en retournaient pas toujours seuls. Il ne leur était pas difficile de tenter ces pauvres désespérées qui voyaient dans ces unions la fin du sombre cauchemar.

A Kerk-Guetch, on n'eut à subir aucune attaque nocturne. Tout près de la source s'élevait une maison où des fonctionnaires avaient établi un bureau. On y contrôlait le passage des déportés. Leur premier soin était de faire main basse sur tout ce qu'ils pouvaient trouver à leur convenance. Telle était la règle. Comme toute caravane était mise en coupe réglée, on voyait dans le local un entassement de matelas, d'ustensiles de cuisine, de tapis et de carpettes.

Pensant que, vu la présence des autorités, le lieu devait être à peu près sûr, j'allais en nombreuse compagnie dans un endroit écarté pour me laver. Nous en avions tous bien besoin. La crasse et la vermine nous causaient un malaise insupportable. Toujours attentifs à nous tourmenter, nos gardiens, par un raffinement de cruauté, nous forçaient de camper à l'endroit même où d'autres convois nous avaient précédés. A peine étions-nous descendues de nos véhicules que la vermine nous assaillait de tous côtés. De sorte que les instants destinés au repos étaient employés à nous en défendre.

Nos ablutions faites et notre linge lavé et séché, au retour nous nous heurtons à un cadavre enterré dont un bras sortait de terre. Le poing qu'il levait au ciel était-il un geste de détresse, ou bien un appel à la vengeance?... Plus loin gisaient d'autres cadavres enterrés aussi sommairement. Une autre surprise m'attendait. Comme je me disposais à allumer un feu de bois pour apprêter mon pilav en creusant un trou dans la terre, je soulevais une main d'enfant. Je reculais saisie d'horreur. Poussant plus loin mes investigations, je découvre dans le sol, fraîchement remué, des cheveux blonds et un fragment d'os frontal? Je m'empresse de recouvrir ces restes du pauvre petit inconnu.

Un spectacle non moins lugubre nous attendait. De pauvres vieillés femmes qui venaient de faire le voyage à pied, allaient les unes après les autres se jeter dans la rivière. Torturées par la faim et la soif, épuisées, elles avaient pris le parti d'en finir avec la vie. Des Turcs, assis sur la rive, assistaient impassibles à la scène. Je demandais aux gardiens s'ils ne voulaient pas se porter à leur secours. Cyniquement, l'un d'eux m'apprend que cette rivière avait déjà englouti quantité de vies humaines. « Un temps viendra, ajouta-t-il, où vous chercherez une rivière pour vous noyer et vous ne la trouverez pas. N'est-il donc pas raisonnable que vous profitiez de l'occasion pour vous libérer le plus tôt possible. » Une vieille fut emportée par le courant. Les autres flottèrent un instant avant de disparaître dans le remous de l'eau. J'en vis une qui lutta un instant contre le courant qui l'entraînait. Visiblement elle faisait des efforts pour se sauver. Le goût de la vie est si doux! Bientôt après on n'entendait que les murmures du rapide Alys qui gardait dans son sein ses enfants exilés et abandonnés.

Profondément troublée, j'eus hâte de m'isoler de tout cela. On n'avait ni le loisir de s'arrêter sur un événement, tant ils étaient multiples et divers dans leur horreur, ni les moyens de les éviter. Nous avions quelques malades parmi nous et l'un d'eux était à l'agonie. Une religieuse se tenait à son chevet et lisait une page de l'*Evangile*. L'assistance écoutait la lecture avec un profond recueillement. Sitôt qu'il eut expiré, des femmes s'empressèrent de creuser une fosse où il fut inhumé.

Des villageois turcs du voisinage venaient nous proposer de leur vendre ce que nous avions. J'aperçois, parmi eux, une femme au type arménien. « Es-tu Arménienne ? » lui demandai-je. — « Oui, me répondit-elle ». Son mari, un montagnard turc, intervint aussitôt pour me défendre de causer avec elle.

Après trois jours passés à Guetch nous nous remettons en route.

Nous espérions atteindre Malatia dans la soirée et notre impatience d'arriver était grande. On nous avait flatté de l'espoir que là se terminerait notre horrible voyage. La journée s'annonçait belle et la campagne s'embellissait à mesure que nous en approchions. Les jardins qui entourent la ville étalaient un luxe de végétation qui nous réjouissait les yeux. La certitude où nous étions que nous y retrouverions le repos tant désiré nous avait presque rendu la joie. Nous étions tellement accablés de fatigue et d'émotions ! Nous avions tant souffert de la faim et de la soif depuis que nous avions quitté Samsoun ! Cependant nous constatons, avec une inquiétude croissante, que les charrettes s'écartent du chemin qui mène à la ville. En prendraient-elles un autre ?

Nous ne savions que penser. Mais voilà qu'on dépasse l'orphelinat allemand et que derrière nous disparaissent les jardins de la banlieue. Le doute n'était plus possible.

Après une marche de trois heures, on s'arrêta au bord d'un ruisseau.

Encore une fois, selon l'habitude prise, les gendarmes igent une somme d'argent. Ils mettent dans leur demande tant d'âpreté que nous sommes obligés d'en faire à leur volonté. Nous réunissons à grand peine une somme de vingt livres que nous leur remettons. Un employé de l'administration survient sur ces entrefaites. On porte plainte contre ces procédés. Il s'indigne contre la conduite des gendarmes qu'il qualifie d'illégal et se met en devoir de prendre le nom des femmes qui avaient été rançonnées. Le fait est qu'il fit rendre l'argent, mais il l'empocha sans façon et il disparut. On ne l'a plus revu.

A ce même endroit, nous trouvons deux enfants abandonnés qui devaient avoir l'un 5 et l'autre 4 ans. Ils se tenaient l'un à côté de l'autre, assis dans la poussière. Qui sait depuis combien de temps ils étaient là. Nous leur donnons à manger. Ils dévorèrent tout ce qu'on leur donna, puis s'endormirent la tête sur une pierre en guise d'oreiller. Après de patients interrogatoires, on finit par savoir que le nom de leur maman était Mariem, que le papa avait disparu. Ils ne savaient d'où ils venaient. « Où habitez-vous? leur demandons-nous. — A la maison », nous répondirent-ils.

La nuit suivante fut particulièrement accidentée. Un Turc, nommé Deli-Bach oglou Mehmed, se présenta et exigea qu'on lui livrât la famille Khérian, sous prétexte que la fille aînée était demandée en mariage par un bey influent.

Mme Khérian déclara ce mariage impossible. Le Turc insista vainement. Il s'en alla, en apparence résigné, mais il revint bientôt après suivi d'une bande d'individus armés de fusils et de sabres. Interpellant alors rudement cette dame, il lui dit : « Ou vous me suivrez ou je vous tue ». Les gendarmes, sollicités d'intervenir, gardèrent une attitude indifférente. « Levez-vous, vociféra-t-il tout à coup, je m'en vais régler votre affaire ». Il dégaîne et frappe à tort et à travers. Mme Khérian est blessée au bras. Elle n'était pas encore guérie d'une blessure reçue un peu auparavant dans une circonstance semblable. « Non, non, répétait-elle en se débattant, nons ne vous suivrons pas ». Exaspéré, il frappe encore une fois. « Non, rien ne pourra me décider à aller chez vous. Emmenez mes filles si elles consentent à vous suivre », finit-elle par dire sous les coups qui la cinglent. Elle perdit connaissance, et tandis que nous nous employions à la ranimer, le Turc poussait devant lui ses filles, Hasmik, Ankiné et la servante. Mais, ô surprise ! nous les voyons revenir l'instant d'après, consolées. Que s'était-il donc passé ? Déli Bach était également revenu. Il promenait autour de lui des yeux injectés de sang. Il paraît qu'il s'était trompé. C'est Mlle Donikian qu'il lui fallait. « Où est ta fille ? cria-t-il en s'adressant à la mère. — Je ne sais pas où elle est », répondit celle-ci. Il la fouetta alors à tour de bras.

Mme Donikian l'avait cachée parmi la foule des paysannes dont elle lui avait fait mettre le costume. Celles-ci étaient moins exposées aux vexations que les femmes de la classe aisée. A bout de force, Mme Donikian finit par envoyer quelqu'un dire à sa fille de venir. Et voilà que tout à coup éclata un rire sinistre. La dame, subitement atteinte de folie, riait aux éclats en sautant et en dansant. Je lui versais de l'eau sur la tête pour la calmer. Oh! ces accès de rire au milieu de la foule terrifiée... La scène se déroulait par une nuit sans lune. Dans les foyers éteints du camp des étincelles répondaient aux clignements des étoiles. Un flambeau à la main, le Turc entraînait sa victime dont les sanglots répétés par les échos des montagnes nous arrivaient à travers l'obscurité.

Mais il était dit que ce jour-là nous passerions par une série de surprises des plus bizarres. Tout à coup nous avons la joie de voir revenir Mlle Donikian. Nous en croyions à peine nos yeux. Que signifiait cette sinistre comédie? Elle nous raconte ce qui venait de se passer. Au moment où Déli-Bach allait les faire monter dans une voiture préparée d'avance, passe un cavalier qui s'arrête aux cris des jeunes filles. Il leur demande qui elles sont et la cause de leur chagrin : « Délivrez-nous, seigneur, implorent-elles, venez à notre secours ». Elles lui racontent toutes les circonstances de l'enlèvement. Déli Bach et ses complices se hâtent de déguerpir pendant ce temps-là. Le cavalier était un haut fonctionnaire. Le récit écouté, il appela les soldats qu'il réprimanda sévèrement, et les envoya à la recherche des malfaiteurs.

Le lendemain matin nous faisons le chemin à pied. Nous devions escalader une montagne. La première rencontre sensationnelle fut une charrette pleine d'enfants que les autorités municipales de Malatia avaient fait recueillir sur les routes. Ils allaient rejoindre les petits infortunés qui, par milliers, s'entassaient dans les mosquées et dans les églises de la ville. Dépourvus de soin, rongés de maladies, anémiés par les privations, ils mouraient comme des mouches. Pauvres enfants d'Arménie ! Comme vos parents vous avez été condamnés par cette politique d'extermination conçue par l'Allemagne et que la férocité turque a si bien menée à fin. Si au moins elle vous avait épargnés, pourrions-nous conserver, l'espoir que nos foyers se réveilleraient bientôt à la vie. Nos ennemis se réjouissent de votre mort dans la croyance que l'arbre est coupé jusque dans sa racine. Ils se trompent dans leurs calculs criminels. Toute notre race est douée d'énergie suffisante, si habituée elle est au malheur qu'elle ne saurait succomber à leurs coups, si durs soient-ils.

A Firendjiler, ayant dû rester un instant en arrière du cortège, je me vis soudain attaquée par un jeune paysan qui me prit à la gorge. Il en voulait à mes vêtements et il se mettait en devoir de me déshabiller. Or, il se trouvait que j'avais tout mon argent dans une poche. Je fis un effort pour me dégager, mais il était plus fort que moi. Un vieillard qui volait du raisin, attiré par mes cris, accourut pour repousser mon agresseur. Je le remerciai de son intervention et je reconnus le service qu'il venait de me rendre en lui donnant une pièce qu'il accepta.

Plus de 10.000 femmes dans la vallée de Firendjiler

A Firendjiler s'ouvre une vallée, dont l'administration avait fait une étape où aboutissaient les caravanes des déportés. Toute une population féminine s'y entassait, venue de Kharpout, Erzeroum, Trébizonde, Samsoun, Bafra, Herek et du vilayet de Sivas. Chaque région y formait un groupe distinct et l'on y goûtait le repos avant d'escalader les montagnes qui sont en face. Je visitais le campement où je retrouvais quelques connaissances et même des amies d'école que j'avais depuis longtemps perdues de vue. A l'ombre d'un arbre, des protestants de Herek avaient improvisé une chapelle où ils faisaient en commun la lecture de la Bible. Plus loin, un prêtre arménien, échappé par miracle à la mort, exhortait tout un auditoire de fidèles à la patience et au courage. Nombreux étaient ceux qui, ayant fait le voyage à pied, s'abandonnaient au repos pour reprendre leurs forces épuisées.

Des femmes atteintes de maladies de toutes sortes étaient parquées dans un coin. Etait-ce un hôpital, ou bien un cercle de l'Enfer? Des centaines de femmes de tout âge s'y tordaient torturées par la souffrance sous le soleil torride. A ma vue elles poussaient des cris pour implorer une assistance qu'il n'était pas en mon pouvoir de leur donner. La plupart étaient des affamées et toutes s'y consumaient de soif. Les cadavres en putréfaction voisinaient avec des malheureuses qui venaient d'expirer. Des malades gardaient une attitude immobile et comme résignées, alors que d'autres avaient perdu le sentiment.

La puanteur qui se dégageait de cette pourriture humaine aurait suffi pour tuer les vivants. Je m'éloignai en toute hâte de ce lieu sinistre et si mortelle était l'impression qui s'en dégageait que je pensais succomber à la souffrance morale qui m'étreignait.

Je croise un *hodja* de Malatia en arrêt devant ce spectacle. Se tournant de mon côté, il me dit d'un ton pénétré d'amertume : « Nous sommes plus vils que des chiens. Qu'est-ce donc que tout çà ». — « A Dieu ne plaise, rectifiai-je ». « Non, répétait-il, avec énergie. *Ce zouloum* (2) est contraire à l'humanité, contraire à la loi du Chéri. Aucun livre sacré n'autorise ni absout de pareils attentats ».

A quelques pas de là se pressaient des centaines d'enfants abandonnés. Il y avait là des enfants de 5 à 6 ans, et sur leurs visages d'innocents se peignait la plus poignante détresse. Les uns pleuraient; d'autres s'arrachaient un morceau de pain qu'on leur avait jeté. On en voyait aussi que la pâleur de la mort avait envahis et fixaient le ciel de leurs yeux immobiles. Il y en avait de touts petits, encore potelés avec des couleurs chaudes et qui criaient à tue-tête.

Spectacle inoubliable que l'abandon de tous ces petits êtres, hier encore l'objet des soins de l'amour maternel et

(1) Détresse, oppression.

maintenant jetés là comme un objet de rebut, expiant le crime d'être nés arméniens.

Le Hodja fit quelques pas de leur côté. « Je sais, lui dis-je, que ses enfants doivent être transportés à Malatia, mais il est probable qu'ils manqueront de soins. Parmi les déportées se trouvent des institutrices qui ne demanderaient pas mieux de se dévouer pour eux ».

— Les soigneriez-vous comme Arméniens, ou bien comme Musulmans? demande le Hodja.

— Évidemment comme Arméniens, répondis-je. N'est-ce pas pour avoir montré de l'attachement à notre foi que nous sommes exilées.

— Vous ne seriez admis à entrer à Malatia, répartit le Turc, que si vous vous convertissiez à l'islamisme. Encore je ne suis pas sûr qu'on vous y laissât en repos. L'air vous y serait irrespirable. Tous ces enfants ne vivront qu'à la condition qu'ils seront islamisés.

— Qu'ils meurent donc, lui dis-je, et je me détournai brusquement de lui.

Pour avoir de l'ombre, on avait formé des abris en disposant des draps de lit sur des piquets. Je pénétrai sous quelques-unes de ces tentes. La tristesse y régnait. Ici c'est une mère qui pleure éperdument la fille qu'on lui a enlevée. Là une jeune femme, ne peut se consoler de la perte d'un enfant de quatre ans disparu dans une razzia.

Une famille est assise autour d'un repas, alors que de malheureux affamés, mendient à la porte ou cherchent leur nourriture dans les détritus. Leurs visages pâles, décharnés, témoignent de longues abstinences.

Des fonctionnaires, des commerçants turcs de Malatia,

recherchaient les belles filles. Ils étaient en pourparlers avec les parents et faisaient leurs conditions. Ceux-ci consentaient à leur donner leurs filles en mariage et le marché conclu, on voyait la famille entière se rendre dans la maison du gendre pour se mettre sous sa protection. Des jeunes filles à peine pubères étaient livrées à des vieillards. Des mères livraient leurs garçonnets comme domestiques pour les préserver d'une mort qu'elles croyaient certaine. Un Arménien de Malatia secondait ces opérations. J'ai su par lui que la population arménienne de la ville n'avait pas encore été déportée, mais que cela n'allait pas tarder. « Mariez-vous avec des Turcs, me dit-il, vous n'avez que cette seule chance de salut ». — « Nous en avons une autre, répliquai-je, c'est la mort », indignée qu'un coreligionnaire put tenir un pareil langage. Un instant il resta pensif, et, tristement, il ajouta : « Moi, je suis Musulman ». Je lui avais demandé d'écrire une lettre en turc à l'adresse de ma sœur, à Marsivan, mais il refusa de la porter à la poste. Sa conversion était encore de trop fraîche date pour qu'il put l'exposer aux soupçons des Musulmans. Ma lettre, je dus la confier à un soldat qui voulut bien s'acquitter de la commission moyennant *bakchiche* (1).

Le bruit se répand tout à coup qu'un inspecteur du gouvernement allait passer par là. Il était à cheval. Aussitôt la foule innombrable de femmes se précipite à sa rencontre. On allait enfin pouvoir parler à quelqu'un de qualifié pour recevoir les plaintes. A sa vue, ce fut une clameur immense, confuse, où les cris et les protestations montaient comme la fumée d'un incendie. Quelques-unes essayèrent de leur

(1) Pourboire.

imposer silence et de leur faire comprendre qu'il était bon qu'une seule, choisie parmi elles prît la parole. Peine perdue. Les cris ne cessaient de monter.

— On m'a enlevé mes deux filles, disait l'une. — Voyez les blessures qu'on m'a fait aux mains et aux pieds, clamait une autre. — On m'a pris deux cents livres turques et je meurs de faim, protestait une vieille. — Nous avons faim, nous avons faim criait le plus grand nombre. Que le Padischah nous donne du pain puisqu'il nous a tout pris. C'est assez marcher ; depuis un mois nous vivons sur les routes. Nous n'en pouvons plus...

Interloqué, le fonctionnaire voulut prononcer quelques mots qui se perdirent dans le tumulte des protestations. Après avoir distribué quelques pièces de monnaie, il essaya de se dégager, mais n'y parvenant pas il fouetta son cheval et se livra passage au milieu de la foule qui se bousculait.

Une fois libre, je me précipite à mon tour et les bras en avant, résolue, je me mets sur mon passage. « Seigneur, lui dis-je, laissez-moi vous parler un moment ». Il arrêta son cheval pour ne pas m'écraser. «Seigneur, jusque quand serons-tourmentées ? Les mudirs et les fonctionnaires nous pillent. Les soldats dont le devoir serait de nous défendre nous volent ignominieusement. La majeure partie des jeunes filles a été enlevée. On nous enlève aussi nos enfants. Une bonne moitié de la caravane est morte de faim et de soif. On nous abreuve d'odieux traitements. Encore ce matin. Madame Dilsizian était fouettée parce qu'elle ne marchait pas assez vite. Elle était pourtant si malade qu'à cette heure elle est à l'agonie. Dites nous donc quel est le crime des enfants et des femmes ? Vous même vous n'êtes pas sans avoir des êtres que vous aimez. Pour l'amour d'eux sauvez-nous. Notre honneur n'est-il pas celui du Padischach ».

Ayant réfléchi un instant, l'inspecteur me dit : « Ne perdez pas espoir. Vous serez bientôt à Ourfa. On vous y logera et l'on vous donnera du travail. Le Padischah vous y fournira du pain. Je vais donner des ordres afin qu'on ne vous tourmente plus. En attendant je vous ferai distribuer du pain ».

Je le remerciai et m'en retournai vers mes compagnes en toute hâte, pressée que j'étais de leur communiquer ces bonnes nouvelles. Le pain était attendu avec une impatience qu'on devine. Toutes les fois qu'elles voyaient une charrette apparaître au loin, elles accouraient au devant, mais revenaient désappointées. Comme la nuit tombait sans que l'on vit rien venir, la foule affamée commença à s'abandonner aux angoisses du désespoir. « S'ils tiennent ainsi leurs promesses, disait une de ces désespérées, malheur à nous ». Comme les Turcs célébraient leur fête de Baïram, nous restâmes deux jours au même endroit.

Le lendemain nous assistâmes au passage d'une grande caravane. Je me plaçai au bord de la route pour voir si je n'y découvrirais pas ma mère parmi les déportés. J'interpellai un homme de l'escorte, vêtu en costume civil, et portant un martinet à l'épaule.

« Seigneur, voulez-vous bien me dire de quel endroit viennent vos déportés ? » Il s'arrêta et me nomma une dizaine de villes.

« Savez-vous s'il y a des habitants de Marzivan ? »

— Oui, quelques-uns. — Et toi, de quel pays es-tu ?

« De Samsoun.

— Connais-tu les Simonian ? demanda-t-il.

A cette question inattendue je tressaillis. C'était le nom de famille de ma sœur. N'avais-je pas appris tout récemment qu'elle avait été capturée avec ses enfants par un mudir Kurde.

« Vous connaissez les Simonian ? demandai-je.

— C'est moi qui les ai enlevés. Le mudir Kurde, c'est moi.

« Et moi, je suis la sœur de Marine.

Quelle bizarre coïncidence, s'exclama-t-il. Comment imaginer qu'un tel hasard nous mettrait en présence l'un de l'autre. Je t'ai cherché longtemps et je commençais à renoncer à l'espoir de te rencontrer.

« Quand j'ai su, lui dis-je, qu'elle était aux mains des Kurdes, mon chagrin a été grand. Dites-moi, si vraiment, elle est en sûreté.

— *Vallahi*, *billahi*, *tillahi* (1) elle est en sûreté et son honneur autant. J'ai emmené en même temps que les Simonian une trentaine de familles dans le seul but de les sauver. Lorsque j'ai vu ta sœur, sa belle-sœur, Madame Asniv, des dames si bien élevées, si raffinées, je les ai prises en pitié. Je savais qu'elles étaient condamnées à périr dans des conditions terribles. Dès lors j'ai formé le projet de les sauver, mais je n'arrivai pas à les convaincre de la pureté de mes intentions. Elles se refusaient obstinément à me suivre. Elles ne cessaient de crier : « Nous mourrons, s'il le faut; nous n'irons pas avec vous ».

« Alors je leur ai envoyé mes Kurdes armés et une char-

(1) Jurer Dieu.

rette pour les amener de force. Maintenant elles ne savent comment me témoigner leur reconnaissance. Elles voient en moi leur sauveur. Elles vivent dans une maison à part, et mon frère est chargé de faire leurs emplettes. Je leur envoie du miel, du beurre et du fromage de mes fermes. Naturellement je refuse leur argent. Accepte-t-on l'argent de l'hôte qu'on héberge? Apprends-donc que je les traite comme des sœurs ». Puis, s'interrompant un instant, il ajouta avec un accent de fierté : « nous sommes Kurdes, nous, et pas des Turcs ». Il tira un papier qu'il me tendit. C'était une lettre adressée par ma belle-sœur à sa fille.

Ma chère fille Véronique,

En quelque lieu que tu sois, laisse toi emmener par cet homme qui t'accompagnera jusqu'à l'endroit où je me trouve. N'aie aucune crainte. C'est un brave homme. Nous sommes logées chez lui depuis quinze jours. Pendant tout ce temps, il n'a rien dit, rien fait dont nous ayons eu à nous offusquer, aucune proposition blessante. Nous sommes tranquilles. Emmène Dolita avec toi si c'est possible.

Ta mère, D. Simonian.

C'était bien son écriture. Le doute n'était point permis. J'avais appris, en outre, que ma belle-sœur arrivée à Hassan Patrik, s'était vue en butte aux tracasseries du *Caïmacam* (1) qui voulait sa fille Véronique en mariage. Pour la soustraire à ses obsessions, elle lui avait fait mettre des habits de paysanne et l'avait cachée parmi les déportées de Capou-Kaya, dont la caravane était partie on ne savait plus dans quelle direction.

(1) Sous-Préfet.

« Je voudrais, lui dis-je, écrire une lettre à ma sœur, voulez-vous vous en charger?

— Volontiers, répondit-il. Je passerai prendre votre lettre dans deux heures ».

J'appris par la suite, par les déportées, que la caravane placée sous ses ordres, n'avait pas été inquiétée en chemin et les femmes n'avaient eu qu'à se louer de son zèle. Il les avait protégées de son mieux. Il avait mis des ânes à la disposition de celles qui ne pouvaient supporter la marche, il avait paré aux dangers des coups de main des populations fanatisées, aidé à charger les animaux de bâts, soigné les malades. Il est superflu de remarquer, à ce propos, que si les agents de l'administration avaient imité sa conduite, l'infâme mesure de déportation décrétée par le gouvernement eut été moins désastreuse.

J'écrivis une lettre à Marine, et, pensant que c'était la dernière, je la terminai par ces mots :

« Si je meurs et que tu restes en vie, embrasse pour moi Herand et Aram ».

Le pays du Dersim. — Hadji Bekir bey et Zeiné bey

Le Kurde vint prendre la lettre et je le reçus sous une tente que la dame qui me tenait compagnie avait agencée avec des draps de lit. En entrant, il se déchargea de sa carabine et s'assit sur un divan que nous avions improvisé avec des couvertures. Encore une fois il nous narra avec force détails les diverses circonstances du sauvetage de ma sœur.

« Je voudrais bien vous prendre avec moi, poursuivit-il, mais ma fonction m'interdit la faculté d'emmener des gens d'une autre caravane. Toutefois, je vous donnerai une lettre pour un ami, Hadji Békir bey, qui habite le pays du Dersim. Il est l'aîné de cinq frères. C'est l'homme le plus pur qu'il soit. Il s'abstient de tout breuvage défendu : ni le vin, ni le *raki*, n'ont jamais souillé ses lèvres. Sa vie est nette de toute action illicite. Tel n'est certes pas mon cas, car il m'est arrivé dans ma jeunesse de commettre quelques sottises. Lui, il n'a jamais eu à se reprocher la moindre irrégularité. Je lui dirai qu'il te prenne sous sa protection. Tu resteras chez lui. Cependant si tu tiens à rejoindre ta sœur, tu n'auras qu'à m'écrire et je viendrai te prendre ».

« Épargnez-vous cette peine, lui répondis-je. Ma décision

est prise. Je tiens à partager jusqu'au bout, et quel qu'il soit, le sort de mes compagnes d'exil ». A ces mots, il s'inclina vers mon oreille et me dit à voix basse : « Apprends que de toute cette masse de déportées que tu vois il ne restera bientôt aucun être vivant. Elles seront toutes jetées à l'eau et périront jusqu'à la dernière ». Puis, se redressant, il ajouta à haute voix : « Ne serait-ce donc pas dommage que tu persiste dans ta résolution. Accepte son hospitalité. Il y va de ta vie ».

Et sans tenir compte de mes objections, il se mit à écrire la lettre. Il me remit en outre, un papier qui était une manière de sauf-conduit où il avait inscrit à la suite de mon nom ceux de la dame, d'une jeune fille, et de deux enfants avec qui je partageais ma tente.

Le lendemain un policier se présentait pour me prévenir que Hadji Békir bey m'attendait au Karakol. Peu rassurée sur les conséquences de cette entrevue, je fus prise d'une inquiétude dont malgré tout je ne pouvais me défendre. J'allais demander à mon amie de m'y accompagner lorsque quelqu'un vint me dire que Békir bey me cherchait partout. Il était à cheval. Haut de taille il avait l'aspect imposant et était coiffé d'un énorme turban. Il roulait des yeux injectés de sang. Si je n'avais pas été prévenue en sa faveur par tout le bien que j'avais entendu de lui, ses yeux m'auraient effrayée. Il promenait un regard d'indifférence dédaigneuse sur les gendarmes turcs qui, à son passage, prenaient une attitude respectueuse. On me désigne du doigt. Mon cœur battait avec force.

« Je viens de rencontrer mon ami, Mehmed aga, et il m'a parlé de toi. Dès ce moment tu es sous ma protection.

Dans deux jours tu seras dans mon village et tu logeras chez moi », me dit-il sur un ton d'autorité.

— Je vous remercie, lui dis-je. Ce n'est pas que je refuse votre généreuse hospitalité, mais je ne peux l'accepter dans les conditions actuelles. Souffrez, Seigneur, que je ne me sépare point de mes compagnes d'exil. J'irai où on les mènera; je mourrai où elles mourront, dis-je la voix brisée d'émotion.

— C'est entendu, fit-il, tu voyageras avec les autres, mais il importe que tu viennes me voir dès ton arrivée là-bas.

Encore que je ne me fusse pas questionnée sur le parti que j'aurai à prendre à cet égard, j'acceptai.

Là-dessus, le grand bey de Dersim fit demi-tour et se retira fièrement campé sur sa jument, tandis que les policiers et gendarmes s'inclinaient très bas. Lorsqu'il se fût éloigné, l'un d'eux s'approcha de moi pour me demander si je n'étais pas folle de refuser d'aller vivre dans la maison d'un prince qui exerce une autorité royale sur ses vastes domaines. « 300 têtes de bétail, dit-il, labourent ses terres. Tu auras du beurre et du miel à profusion ». Je ne crus pas devoir lui répondre. Aussi bien ma pensée était ailleurs.

Dans la caravane, un certain nombre de femmes avaient pu voyager jusque là dans leur propre voiture qu'elles guidaient elles-mêmes en l'absence de leurs hommes auxquels on avait fait prendre une autre direction, mais ce jour-là elles virent les autorités leur confisquer voitures et chevaux. Délaissant la route carrossable, qui traverse la région du Dersim et qu'on distinguait de l'endroit où nous étions campées, nos bourreaux pour nous tourmenter plus cruellement, nous menèrent à travers des montagnes d'un accès terriblement difficile et dont le passage devait coûter de nombreuses vies humaines et laisser des souvenirs qui ont marqué chez les survivants des traces ineffaçables.

Avant de nous mettre en chemin, nous ensevelissons le joli petit garçon de Madame Tomazian. Pauvre amie ! Elle avait eu cet enfant après quatorze ans de mariage. Il mourut des souffrances causées par une douleur insupportable, contre laquelle rien ne pouvait nous garantir et aussi du regret de ne plus voir son père. Il rendit son âme candide en prononçant le mot *papa*.

A la pointe du jour deux conducteurs viennent m'offrir leurs services. Toutes celles qui disposaient encore d'un peu d'argent louèrent une monture. Les autres allaient à pied, ce qui était le cas de beaucoup de vieillards et les gendarmes manquaient rarement l'occasion de leur allonger des coups de fouet lorsqu'ils restaient trop en arrière. J'achetai à une paysanne une paire de *drech*, rustiques sandales faites d'une simple peau dont on s'enveloppe le pied qu'on fixe à l'aide de courroies. Elle me chaussa elle-même en me recommandant de les mouiller tous les soirs. Je ne fus pas longtemps à m'apercevoir que cette chaussure se prête merveilleusement à la marche dans les régions montagneuses. Comme je n'avais plus rien sur moi, ou presque, je m'étais composé un costume assorti qui offrait cet avantage de me confondre avec les villageoises de la caravane, moins exposées que les citadins aux persécutions et aux massacres.

Ce premier jour nous eûmes à escalader une hauteur à pic. La piste que nous parcourions était bordée de profonds précipices où je faillis rouler et c'est par miracle que j'échappai à la mort. La selle ayant glissé, je tombai et tandis que, cramponnée à une corde, je me balançais dans le vide, la femme qui guidait le mulet, attirée par mes cris, se porta à mon secours. D'autres furent moins heureuses. Plus d'une voyageuse se brisa sur les rochers avec sa monture.

En chemin, nous rencontrâmes de nombreux blessés qui avaient été abandonnés par les caravanes qui nous avaient précédées. Des bandes de Kurdes s'étaient jetés sur elles pour les dévaliser. Règle générale, tout malade, ainsi que tout vieillard qui s'attardaient dans les sentiers étaient achevés par les montagnards après avoir été torturés. Le lendemain nous atteignions le sommet d'une première montagne. Des Kurdes nous apportèrent du lait caillé, du pain et d'autres aliments aussi simples. Tout cela parut délicieux à nos palais desséchés, surtout le lait caillé. Combien agréable aussi la sensation vivifiante de la brise des montagnes sur nos fronts en sueur. Oubliant un instant notre cruelle situation, nous nous arrétâmes à admirer les sites qui se déroulaient sous nos yeux.

Le lendemain, je jugeai à propos de me débarrasser de ma monture et cela par mesure d'économie. Le prix d'une demi-livre turque, auquel on l'avait arbitrairement taxée, était trop disproportionné avec mes ressources pour qu'il me fût possible de me payer ce luxe plus longtemps. La peur de mourir de faim dominait tous les autres besoins.

Vers le soir nous atteignons le village de Zeïné. Avant cette étape nous avions traversé un hameau où l'on avait défilé devant un groupe de Kurdes armés et de gendarmes turcs, à la tête desquels se tenait debout Zeïné bey. C'est ici que se place l'un des épisodes les plus tragiques de l'histoire de notre déportation. Que faisaient-ils là? Tranquillement, ils étaient occupés à faire la cueillette des enfants de notre caravane. On les choisissait à partir de l'âge de treize ans et au-dessus. Le bruit s'étant répandu qu'ils allaient être égorgés, une affreuse panique se produisit parmi les mères.

Je vois accourir Madame Tufenktchian, le visage inondé de larmes, me suppliant de sauver son fils. Elle comptait sur le crédit que pouvait me donner auprès de ce Kurde la lettre de recommandation. Ses filles y viennent joindre leurs larmes. Que n'aurais-je pas fait pour elles ! Mais l'idée du danger que je courais moi-même en décelant mon identité m'inclinait à la prudence. Cependant je ne résistai pas longtemps à leurs prières. Je n'avais pas trop à me préoccuper du sort des deux garçonnets dont les noms se trouvaient inscrits dans la lettre. Ils étaient en sûreté, leur mère ayant eu l'idée de leur mettre des habits de fillettes.

Je me présente à Zeïné bey, le papier à la main, et je lui dis que je venais réclamer mes deux frères. Après en avoir lu le contenu, il jette sur moi un regard inquisiteur. « Va les prendre, me dit-il ».

Une cinquantaine d'adolescents étaient enfermés dans un enclos. Pâles de terreur, ils tremblaient de tous leurs membres. Pauvres enfants ! Ils donnaient l'impression d'un bétail qu'on va mener â l'abattoir.

Je m'arrêtai à l'entrée moi-même défaillante. A ma vue une lueur d'espoir anima leur visage.

J'appelai : « Tufenktchian ! ».

L'enfant s'approcha, soudain rayonnant. Alors de toutes parts des voix s'élevaient ardemment suppliantes : « Emmenez-moi, emmenez-moi aussi ».

Je dis à Tufenktchian : « appelle quelqu'un ». « Torkom ! »

s'écria-t-il. Un autre jeune homme s'approcha. Ils étaient sauvés. Je détournai brusquement la tête pour éviter les regards des autres, de ceux hélas ! qu'il m'était impossible d'arracher aux griffes des monstres. Je me reprochai le mouvement d'hésitation de tout à l'heure. Maintenant j'aurais donné cent fois ma vie pour sauver les autres.

Peu après ce dramatique événement, nous recevions la visite d'un messager de Zeïné bey, qui venait frapper la caravane d'une contribution de 300 livres turques. On tint conseil pour aviser sur ce qu'il convenait de faire afin de lui donner satisfaction le plus tôt possible, car la somme était exigible sur le champ. On décida de lui envoyer une délégation pour l'amener à diminuer ses exigences, vu l'impossibilité reconnue de tirer une somme aussi importante de ces misérables dont la plupart se mouraient faute de pouvoir s'acheter du pain. Mais Zeïné bey ne voulut rien entendre.

« Ou jusqu'à ce soir, leur dit-il, vous m'apporterez la somme entière, ou je vous enverrai mes Kurdes qui vous passeront au fil de l'épée ».

C'était un arrêt. Il n'y avait pas à hésiter. Nous savions d'expérience que ce n'était pas là une vaine menace. Plus d'une caravane avait déjà été exterminée par tous ces bandits. Un certain nombre de femmes désignées à cet effet organisèrent une quête qui leur permit de réunir quelques bijoux et une somme d'argent, le tout d'une valeur atteignant une centaine de livres.

On s'étonna pourtant qu'on ait pu recueillir une pareille somme après tant de perquisitions et de pillages. C'est que la nécessité nous avait rendues ingénieuses. On avait imaginé les procédés les plus bizarres pour dissimuler les dernières pièces qui nous restaient. L'argent, on l'avait dissimulé dans le lait caillé, dans les hachis de viande, dans la pâte du pain, entre deux semelles de soulier, dans le savon. Combien dût être agréable la surprise des pillards lorsqu'en faisant leur lessive, ils virent des pièces d'or ruisseler au fond des baquets. L'or avait été caché dans des pelotes de fil, on l'avait transformé en boutons cousus aux vêtements. Une femme avait caché cent livres au fond d'un seau et se plaignait qu'on lui avait enlevé l'argent en même temps que cet article de ménage. Mais à l'heure même où leurs persécuteurs croyaient leur avoir pris jusqu'au dernier *para*, ces femmes avaient réussi à garder devers elles une insaisissable réserve de pièces d'or, soit en les avalant, soit en les introduisant dans leur corps par d'autres moyens. Elles savaient que les espérances de vie étaient limitées aux ressources disponibles et que, celles-ci une fois épuisées, c'en était fait d'elles.

Tous ceux qui pour une cause ou une autre, négligèrent de se précautionner avant de se mettre en route ne tardèrent pas à périr d'inanition. Un jour, Madame X..., qui appartenait à l'une des plus riches familles de Samsoun, venait me trouver avec ses enfants. Elle me confia qu'ils n'avaient rien mangé depuis deux jours. Elle pleurait, tandis que ses enfants me regardaient en silence. Je lui donnai tout mon pain. La dame le plaça devant les enfants qui se jetèrent dessus avec une avidité qui m'arracha à moi-même des larmes.

Les dames Donikian, Marinian, Abrahamian, Meriem, Pokuthian portèrent l'argent et les bijoux à Zeïné bey, en le suppliant de se contenter de ce modeste présent. Elles regrettaient de ne pouvoir faire davantage, tant était grand le dénuement des exilées. Le bey fit mine de les prendre en pitié et dit qu'il s'en contenterait. Mais aussitôt il formula une autre exigence plus difficile à satisfaire. M'ayant reconnue, il me demanda brusquement où était la famille Khérian. Je répondis que je l'avais rencontrée au cours du voyage, mais que j'ignorais ce qu'elle était devenue. « Cherche, me dit-il, et préviens-moi ». Cependant, le lendemain, un charretier l'avisait que la famille venait d'arriver et il se faisait conduire près d'elle. Pénétrant sous la tente, il dit à la mère : « Je veux ta fille. Vous allez venir tous chez moi. »

— Nous n'avons rien à faire chez vous, répondit cette dame. Nous allons continuer notre route.

— C'est ce que nous verrons, répartit le Kurde. Toute résistance vous sera nuisible. Vous ne m'échapperez point.

Pendant ce court dialogue, Mademoiselle Hasmik se tenait assise dans un coin de la tente, le dos tourné. Soudain elle se lève, le visage enflammé de colère.

« Il n'y a donc plus de femmes kurdes ou turques au monde pour que tu viennes chercher des arméniennes. Sache que je te déteste de tout mon être et que ta seule présence ici m'inspire une répulsion physique. Je te préviens que si tu persistes dans ton dessein, j'userai de tous les moyens dont une femme est capable lorsqu'elle est aux prises avec la violence. Si on ne peut pas agir sur toi par tout autre sentiment, crains du moins la vengeance d'une arménienne ».

Le Kurde sourit à ces paroles. Puis il éclata de rire, les yeux fixés sur la jeune fille que la colère avait rendue plus belle.

« Je ne saurais vivre avec un homme comme toi, comprends-tu enfin. N'insiste pas. Tu le regretterais, je ne cesserai de te répéter que je te déteste ».

— Encore une fois, préparez-vous au départ, insista froidement l'homme, en s'adressant à la mère. Si vous vous obstinez, non seulement je vous mettrai en pièces, mais toute la caravane y passera. Sur un ordre de moi, des milliers de Kurdes se précipiteront sur vous et vous mangeront tout crus.

Intimidée par ces menaces, la famille commence ses préparatifs de départ. En même temps des ordres étaient donnés pour que la caravane se mît en route. Le gendarme vint me signifier de la part de Zeïné que j'eusse à accompagner la famille. Je crus devoir me dispenser de cette corvée; je louai un mulet et je rejoignis la caravane. Je n'avais pas voulu partir sans faire mes adieux à la famille Khérian. Hasmik me dit, comme je prends congé d'elle : « Ne croyez pas que je consente à devenir jamais la femme de cette bête féroce. Je boirai son sang et vous entendrez parler de moi... ». Elle pleurait... Ma pensée ne l'a pas quittée un seul instant, tant j'étais tourmentée à son sujet. Qu'est-il advenu d'elle ?

L'Ascension des montagnes infranchissables

Nous avions quitté Samsoun au commencement de juin 1916. Un mois après nous nous trouvions dans la région de Firendjiler, située à proximité de Malatia. Nous mettions deux mois à traverser les montagnes pour arriver à Souroutch, d'où je gagnai Alep.

Mon voyage a duré en tout trois mois.

Les faits qui ont marqué mes dernières pérégrinations sont si horribles que je crois devoir en abréger le récit. En les retraçant sous ma plume, il me semble qu'une fois encore je remonte ce calvaire.

Au cours des deux derniers mois, en escaladant les sentiers de chèvre du massif de Taurus, nous avions l'impression de fouler un cimetière profané. A chaque pas nos pieds heurtaient un cadavre en putréfaction. J'ai encore dans les narines l'odeur de mort qui nous pénétrait et faisait de nous des cadavres vivants. Et leur aspect donc? Ces dents à découvert blanchissant des faces décharnées! Les uns étaient noirs; les autres ne formaient qu'un tronçon informe. D'autres avaient leurs bras arrachés... De larges taches graisseuses dessinaient sur le sol la trace de corps disparus, sans doute emportés par les carnassiers qui vivent dans ces solitudes.

Combien terrible la situation des mères qui portaient leurs enfants dans les bras ! La plupart les transportaient sur le dos, logés dans une besace qu'elles s'étaient confectionnée. Celles auxquelles il restait un peu d'argent avaient loué une monture. On conçoit qu'aucune d'elles n'ait pu, dans ces conditions, arriver au terme du voyage et qu'elles aient succombé à la fatigue, à la faim, à la soif.

Seuls les enfants survivaient quelque temps. Que d'enfants n'avons-nous pas vus vivant dans l'abandon, sous les arbres. L'un d'eux je ne peux l'oublier. Il devait bien avoir cinq ans. A côté, un cadavre encore frais : c'était la mère. A notre vue, il se dressa sur ses pieds. Prenez-moi, s'écria-t-il en nous tendant les bras ; ne me laissez pas ici.. « Où est ta maman ? » lui demandons-nous. « Là, fit-il, en nous montrant la morte. Elle ne se réveille pas, ne me laissez pas ici. Il y fait trop noir la nuit ».

Je fus prise d'une envie folle de l'emporter dans mes bras ; mais c'était là une entreprise au-dessus de mes forces. Au surplus pour ne pas trop me charger, je n'avais pris qu'une faible provision d'eau. Nous engageâmes une paysanne à l'emporter, moyennant une somme d'argent. Je doute qu'elle ait porté bien loin son fardeau car la montée devint de plus en plus pénible. Le fait est qu'on ne l'a plus revu. On ne connaîtra jamais le nombre d'enfants abandonnés dans les bois. On les voyait errer sous les arbres, dans le silence des solitudes. Quelques-uns paraissaient indifférents à leur sort. Ils nous regardaient passer sans dire mot, comme s'ils avaient toujours vécu ainsi.

On voyait la mère renoncer à aller plus loin pour s'attacher à sa fille malade, la fille ayant refusé de quitter sa mère exténuée qui s'était laissé tomber sous un arbre pour agoniser dans les bras l'une de l'autre.

J'ai passé à côté d'une femme enceinte qui, résolue à mourir sur place plutôt que d'aller plus loin, faisait ses adieux à sa sœur qui la quittait avec ses enfants. A la longue cependant le découragement finit par émousser les sentiments affectifs. La sœur abandonna la sœur, la mère son enfant et celui-ci sa mère.

Normalement nous marchions de 6 à 7 heures par jour. Parfois nos bourreaux nous imposaient des randonnées plus longues. La marche devait se régler sur celle des gendarmes montés à cheval. On nous accordait un moment de répit toutes les deux heures. Je n'en profitai guère pour mon compte, car je marchais à la tête de la caravane, mais la lassitude m'obligeait à ralentir la marche, de sorte qu'à l'étape je me trouvais à la queue. Au lieu de m'y reposer, je me hâtais de reprendre ma place. Je ne me reposais que les nuits, mais la souffrance que me causaient mes membres meurtris me privaient du sommeil. Tous les soirs nous nous frottions les pieds et les jambes avec de l'eau salée, opération nécessaire, mais douloureuse à cause des gerçures dont la peau était crevassée. Au réveil, nos muscles avaient contracté une rigidité qui nous clouait sur place, incapables de mettre un pied devant l'autre ; mais les coups de fouet de nos gardiens nous rendaient raisonnables, et bon gré, mal gré nous marchions sans fin sur les routes sans fin.

La nuit, on ne dormait que d'un œil. Les montagnards ne cessaient de nous harceler. Ils portaient des costumes bizarres, inconnus dans les autres parties de l'Anatolie. Leur énorme turban leur donnait un aspect monstrueux. Leurs femmes se coiffaient de cornes de métal au bout duquel flottait un voile. Ils ignoraient la valeur de l'argent et n'estimaient que les pièces de 10 et de 20 paras (1). La monnaie, ils l'appréciaient non pas par sa valeur réelle mais par ses dimensions. Ainsi ils nous donnaient plus de raisin pour 10 paras que pour une piastre. Souvent ils gardaient l'argent et refusaient de nous livrer la marchandise et quand on protestait ils répondaient par des menaces. Pourtant, en certains endroits, les paysans nous apportaient des aliments bien apprêtés, dans des vases propres, mais le sel y faisait défaut et leur pain n'était guère plus salé.

Témoins de nos achats, les gendarmes en association avec les Kurdes, se livraient journellement à de nouvelles perquisitions. Ils nous faisaient ôter nos vêtements pour en fouiller tous les plis; ils exploraient les nattes de nos cheveux qu'ils nous faisaient défaire, nous visitaient la bouche pour voir si nous n'y avions pas caché quelques pièces d'or. Au moindre geste de résistance ils nous envoyaient des coups de crosse. J'ai dit plus haut le moyen suprême auquel nous dûmes recourir pour tromper leur cupidité. Cependant le poids du métal nous causait un malaise extrême à l'estomac et provoquait des coliques. Les pièces sortaient une à une au bout de 8 à 10 jours. On les nettoyait puis on recommençait.

As-tu un *medjidié* (2) à me prêter ?, me demandait un jour une voisine. Je te le rendrai lorsque j'aurai digéré mon dépôt. Je lui avançai la pièce et l'on rit. Souvent, dans les moments d'alerte, elles creusaient un trou pour y enfouir leur trésor,

(1) Monnaie divisionnaire en bronze de 5 et 10 centimes.
(2) Pièce de monnaie turc en argent valant environ 4 francs.

mais ce moyen n'était pas sans inconvénient, car il leur est arrivé de manquer du temps nécessaire pour le déterrer au moment du départ. La légende qui s'était répandue de la richesse arménienne parmi ces peuplades était telle qu'elles ne manquaient de venir fouiller le terrain où les déportées avaient campé. Le mal était que les gendarmes ne déployaient pas moins de ruse pour nous rançonner.

Toutes les fois que nous passions devant une source, ils ne manquaient jamais d'y monter la garde pour en interdire l'accès à toutes celles qui ne leur offraient pas un pourboire. Celles qui étaient sans argent se voyaieut réduites, pour étancher leur soif, de sucer la boue des marécages et des puit abandonnés.

On m'a raconté qu'une caravane assoiffée s'était arrêtée devant un puits et que n'ayant pu trouver ni un seau, ni une corde pour puiser l'eau, des femmes s'y précipitèrent en si grand nombre que l'eau monta jusqu'aux bords. Les autres se désaltérèrent, mais malgré leurs efforts elles ne parvinrent à en sauver aucune. Il paraît que ces malheureuses avaient été réduites, durant plusieurs jours de suite, à boire leur urine.

Pour savoir ce qu'est la soif, c'est à l'Arménienne, à la malheureuse déportée qu'il faut le demander. Elle qui, par tradition et par goût, choisissait le voisinage des sources pour établir l'habitation familiale, s'est vue obligée, plus d'une fois, d'étancher sa soif dans la boue des marais. La soif est un tourment difficile à décrire. Elle est plus cruelle que la faim. C'est par centaines que l'on compte celles qui y succombèrent. On arrivait quelquefois à les ranimer en leur versant quelques gouttes d'eau sur la langue. J'en ai moi-même connu les tourments. J'emportais dans un récipient la quantité de liquide qui m'était nécessaire, mais un jour que l'étape fut plus longue que je ne l'avais prévue, ma provision se trouva épuisée bien avant que je puisse la renouveler.

Au début du voyage, alors que j'étais encore en possession de mes forces, je supportais la soif sans trop faiblir. Aussi je m'abstenais de toute boisson suspecte et je m'appliquais aussi à en dégoûter les autres. Toutes les fois que je voyais des paysannes se pencher sur une eau stagnante, je m'empressais de leur crier qu'il y avait là un cadavre. Les unes s'abstenaient mais le plus grand nombre buvait. Cependant on s'habitue à tout. Un jour que j'avais la gorge desséchée, je me désaltérais dans les eaux de l'Euphrate où flottaient devant moi une vingtaine de cadavres.

Combien est puissant l'instinct de conservation ! Nos ennemis nous donnaient le droit de vivre et s'étudiaient particulièrement à nous en enlever les moyens. Et pourtant l'on s'accrochait à la vie. Quand je pense à tout cela, je me demande d'où venait cette force de résistance qui m'a permis de braver le pire. Plus d'une fois je fus sur le point de succomber, mais il semble qu'il y ait dans tout être humain une réserve d'énergie qui surgit au moment voulu. Le soir venu, je tombais inerte à l'endroit même où je m'étais arrêtée. J'avais mal dans les flancs, le froid me saisissait et je toussais horriblement. L'état de prostration où j'étais dans ces moments me faisait douter que je puisse aller plus loin. Cependant le lendemain j'escaladais toute une montagne. Je transpirais et me trouvais guérie. Tel était également le cas de mes compagnes.

On a vu que pendant ces deux mois les Turcs faisaient main basse sur tout enfant âgé de 7 à 16 ans.

Ils menaçaient de les mettre à mort. Les mères les rachetaient en leur donnant tout objet précieux resté en leur possession. Celles qui n'avaient plus rien à donner ne les revoyaient plus. Que devenaient-ils? On n'a jamais rien su de précis à cet égard. Est-il vrai qu'on les massacrait comme on en faisait courir le bruit? Cela je ne l'ai pas vu de mes yeux.

Ici se place un épisode que je dois rapporter. Un jeune homme originaire de Sivas fut si cruellement maltraité qu'il en perdit la raison. Il alla se jeter tout nu à l'eau puis il courut d'un côté et de l'autre en déclamant en français. Des femmes apitoyées lui donnèrent une chemise et un caleçon. C'était disait-on, un garçon instruit et son cas n'en émut que davantage. Les villageois arméniens furent mis à leur tour au régime des spoliations systématiques. On leur confisquait les ânes. On ne les leur rendait qu'après avoir prélevé un droit quotidien de cinq piastres sur chaque animal.

On traversa sept chaînes de montagnes. La première était rocailleuse. C'est là que nous rencontrâmes le Kurde Zeïneh bey. La seconde était de nature calcaire. C'est précisément celle où nous fûmes le plus volées. Un gendarme voulut me fouiller dans mon linge le plus intime. Surpris de ma résistance il m'en demanda la raison : « Misérable, lui dis-je, tu oublies que je suis femme et que j'ai honte ». Il baissa la tête puis répondit : « Moi aussi j'ai honte, mais qu'y faire? C'est l'ordre du Padischah ». Il ne m'en fouilla pas moins.

Dans la troisième chaîne nous découvrîmes des gisements de charbon. La suivante, par contre, recélait des blocs de marbre. Les pentes resplendissaient sous le soleil. Les autres étaient couvertes d'une poussière argentée et nos haillons en étaient littéralement saupoudrés. Le sol y était mou et doux. Des fleurs sauvages aux couleurs variées poussaient sur les pentes. Il m'arrivait d'en cueillir au passage, mais je les rejetais dès qu'un cadavre de femme frappait ma vue.

Il y avait là un pont monumental de construction antique devant lequel on se mit au repos toute une journée. Tout au bout se dresse un rocher immense aux pieds duquel jaillit une abondante rivière aux eaux froides et limpides. Nous en bûmes à satiété. Je m'extasiai devant ce pont dont les piles sont couvertes d'inscriptions latines. « Il a été construit par un de vos rois », nous disaient les gendarmes sur un ton de moquerie. Je réfléchis qu'en effet il avait bien pu être construit par le roi Tigrane, dont la capitale, Tigranocerte, n'était pas fort éloignée de ces lieux. Cette évocation du passé, en contraste avec l'heure présente, m'émut fortement. « O Tigrane le grand, me disais-je, quand au sommet de ta gloire, tu construisis ce pont, prévoyais-tu qu'un jour ta postérité le traverserait affamée, assoiffée, après avoir gravi tout un calvaire de souffrances ».

A cet endroit des négociants turcs vinrent nous proposer de leur vendre nos bijoux. C'était la première fois que nous rencontrions des citadins depuis notre entrée dans ces gorges. Le lendemain, on escaladait d'autres pentes au sommet desquelles nous découvrîmes d'autres monuments qui semblaient remonter à ce même glorieux passé. C'étaient deux colonnes portant, l'une sur son chapiteau, une statue de femme, l'autre un aigle aux ailes déployées. Depuis des siècles l'aigle ouvre ses ailes au milieu de ces solitudes, mais elles n'abritent plus sous leur ombre la race dont elles étaient le symbole. J'aurais voulu m'y réfugier pour y pleurer tout mon saôul. J'avais voulu embrasser ces vestiges et leur confier les peines dont mon cœur était endolori. L'impression que j'ai ressentie là est de celles qui ne s'effacent point.

Pauvres Arméniennes! Tous les jours, à l'aube, le visage tourné vers l'Orient, elles faisaient leur prière :

« O Dieu, disaient-elles, viens à notre aide, ô Christ délivre-nous des mains de l'infidèle. C'est pour garder ta foi que nous avons tout abandonné et que nous errons sur les routes de l'exil. Aie pitié de nous, Seigneur, nous n'en pouvons plus ». Cette oraison, elles la prononçaient avec une foi passionnée. Un moment elles s'interrompaient comme si elles eussent attendu une réponse du Ciel. Mais Dieu était muet. C'était encore les Turcs qui venaient troubler leur prière en se jetant sur elles pour renouveler les scènes de pillages et de viols.

Parfois au coucher du soleil, une voix douce, faite de toutes les voix, s'élevait au-dessus de la caravane. Ces femmes entonnaient le *Kyrie eleison* et d'autres chants religieux qui, dans leurs bouches, ressemblaient plutôt à des lamentations. A voir cette multitude en prière on avait l'impression d'une croisade. Chaque femme avait sa Bible. Cette Bible on la lui arrachait des mains et on la lacérait. C'est ce qui explique la quantité de feuillets épars sur la route traversée par les caravanes qui nous avaient précédées. Même aux heures les plus sinistres, l'Arménienne n'abandonna pas le livre saint. Aux jours d'épreuve elle resta fidèle à sa foi comme elle l'avait été au cours des siècles passés.

« Malheur aux femmes qui seront enceintes, et à celles qui allaiteront en ces jours-là ». Ce passage de l'Evangile était surtout applicable aux malheureuses déportées. Que de femmes ont accouché pendant une marche, sans compter celles qui avortaient. Aussitôt délivrées, aucune pitié pour elles, elles couraient sous le fouet des gendarmes. Elles ne cessaient de marcher qu'en mourant avec l'enfant qui venait de naître. Un jour une femme se tordait dans les douleurs de l'enfantement lorsqu'un gendarme vint lui prendre ses hardes. Il ne lui avait rien laissé pour envelopper le nouveau-né qui grelottait de froid. Une déportée se hâta de le couvrir d'un vêtement. Cinq minutes ne s'étaient pas écoulées que l'ordre de partir était donné, de sorte que l'accouchée dût se lever pour emboîter le pas. Elle marchait en laissant derrière elle un sillage de sang. Pour comble de malchance, ce jour-là nous eûmes à gravir une pente escarpée si bien que je dus pour mon compte louer un âne. Dans ces conditions il n'est pas douteux qu'elle ait succombé en chemin avec son rejeton. Une autre malheureuse dont le cas était semblable dût se lever, fouaillée par un gendarme. Son nouveau-né elle l'avait confié à une femme qui prit les devants, car elle-même n'alla pas bien loin. Elle tombait bientôt pour ne plus se relever. Arrivée à l'étape, la femme, embarrassée du nourrisson, le présenta au mudir du village en lui disant qu'elle n'avait pas de lait à lui donner. Le Turc se montra charitable et promit d'en prendre soin. Un gendarme de son côté, adopta un bébé abandonné, qu'il confia à une femme de la caravane. Ce barbare témoignait d'une telle sollicitude pour son fils d'adoption que nous en restions confondues.

Tous les vieillards et les enfants, ou presque, périrent, ou d'excès de fatigue, ou par la chaleur. Souvent le temps manquait pour les ensevelir.

Un jour le fils d'une dame se mourait et nous n'avions que dix minutes pour le mettre en terre. Qu'on me donne au moins le temps d'inhumer mon enfant, suppliait la mère. J'allais en hâte demander à une robuste paysanne de creuser la fosse, mais elle ne disposait d'aucun outil pour accomplir ce travail. Nous nous mettons à chercher moi et la mère qui paraissait à ce moment moins préoccupée de la mort de son enfant que du souci de l'abandonner sans sépulture. Tout à coup, j'aperçois une femme penchée sur une fosse ouverte. Une petite pioche se trouvait à côté d'elle. « Veux-tu me prêter cet outil ? » lui demandai-je. — Volontiers, répondit-elle, mais en retour aide-moi à fermer la fosse, car je n'ai pas le courage de jeter la terre sur le corps de mon enfant.

Je promis de lui donner satisfaction et la paysanne fut accomplir sa besogne.

La grand'mère, Madame Marian, attendait portant le corps de son petit fils dans les bras. Prenant mon courage à deux mains, je recouvris les deux fosses, et comme je récitais une prière, voilà que surgissent des gendarmes. Ils nous apostrophent vivement : « Comment osez-vous encore enterrer vos morts ? Combien de fois faudra-t-il vous dire que c'est défendu ? Vous n'avez qu'à les jeter sur la route. Les chiens les mangeront bien ». Et sur ces mots ils nous dispersèrent.

Scènes de cruauté sur la Rivière « Mourad »

D'atroces vexations nous attendaient au bord de cet affluent de l'Euphrate. Un spectateur qui aurait assisté aux scènes de violence qui s'y déroulèrent eût cru voir là un tableau du jugement dernier. Un bac était là pour le passage de la rivière, mais une fois embarquées on leur demandait de l'argent. Une dizaine de sauvages, demi-nus, armés de fouets et de sabres, s'acharnaient avec une férocité inouie sur ces malheureuses qui hurlaient sous leurs coups. Les unes perdaient connaissance, les autres tombaient dans la rivière. Le bac avançait lentement comme pour faire durer le supplice et donner à ces brigands le temps de leur enlever leurs derniers effets, ne leur laissant même pas un haillon pour couvrir leurs plaies.

En vain supplions nous les gendarmes de les secourir. Ils ne font aucun cas de nos paroles. Alarmées pour notre propre sort, nous prenons le parti de nous cotiser entre gens d'un même pays et nous engageons un gendarme à nous accompagner dans le bac en lui promettant un pourboire. Celui auquel nous fîmes cette proposition accepta, mais il nous conseilla d'attendre que tout le monde eut passé la rivière. En attendant, les scènes de bastonnade et de noyades parmi les cris et les vociférations, se répétaient à chaque voyage du bac. Quant vint notre tour le gendarme se mit en devoir d'y transporter notre bagage et d'embarquer les jeunes filles. Cela fait il nous fit signe d'avancer.

J'emportais sur l'épaule une couverture, seul bien qui me restait et qui servait à protéger de la fraicheur de la nuit une famille de six personnes. J'entrai dans l'eau jusqu'à la ceinture pour atteindre le bac ; un faux pas me fit perdre l'équilibre et dans ce mouvement la couverture s'alourdit de tout ce poids de l'eau. Une femme qui était sur le bateau m'aida à monter. Des femmes se débattaient au milieu de l'eau et criaient au secours. Sur nos instances le gendarme intervint et ordonna à l'un de ces bourreaux de se porter à leur secours. Le gendarme nous rejoignit. Sa présence, autant que ses promesses, nous rassurèrent complètement. Mais quelle fut notre désillusion !

A peine étions nous installées que toutes ces brutes se jettent sur nous et nous frappent impitoyablement. Ils vociféraient: « Montrez-nous ce que vous avez ». Nous crions au gendarme de nous protéger mais il affecte de regarder la scène d'un œil indifférent. Ils nous frappaient aux épaules, au visage, sur la tête. Des femmes tombaient inanimées. « Gendarme, crions nous, encore une fois, n'es tu pas là pour nous défendre ». « Patientez donc, finit-il par nous dire, et ne criez donc pas si fort ». Je ne pus m'empêcher de lui crier ma colère. Oh ! si j'avais une arme comme je serais aise de le frapper au cœur.

Un désir de vengeance me brûlait soir et matin. Que de fois n'ai-je pas été tenté de m'armer d'une pierre pour la jeter à la face de ces scélérats. Mais ils étaient les plus forts.

En plus d'une dizaine de gendarmes, il y avait là pour nous surveiller, une centaine de paysans armés, sans compter les muletiers. Un moment d'impatience et c'en eût été fait de nous. Nous aurions été toutes massacrées. Les coups continuaient à tomber sur nos têtes. Appels à la pitié, larmes, cris, tout fut inutile. Dans la position où nous étions, entassées les unes sur les autres, dans un étroit espace, nous n'avions aucun moyen de les éviter. Cette affreuse situation dura une bonne heure, aux cours de laquelle cinq individus m'ont fouillée à tour de rôle.

Je m'étais fait un petit sac que je m'étais suspendu au cou au moyen d'un cordon solide et où j'avais mis mon argent. Une de ces brutes me l'arracha violamment en même temps que ma dernière serviette ; puis il se mit à chercher sous mes vètements. Un autre me posa la pointe d'une épée sur le ventre en demandant de l'argent. En coupant le lacet du caleçon pour voir si je n'avais rien de caché il me blessa légèrement. On m'avait déjà enlevé mes *drechs* pendant que je les avais mis à sécher et j'avais du reprendre mes vieux souliers. Un troisième me déchaussa, puis déchira les semelles pour voir si je n'y avais pas caché de l'or. Cela fait, il les jeta au loin. Je courus les ramasser prestement. Tels quels, ils m'étaient si précieux. Sans ces souliers, force m'eût été de marcher pieds nus sur les cailloux des chemins. Pendant toute cette affreuse agitation, le bateau s'était à moitié rempli d'eau et nous en avions jusqu'aux genoux. Enfin, une de ces brutes me jeta à la rivière. Par bonheur la rive n'était pas éloignée. D'autres femmes suivirent le même chemin. On n'épargnait que les jeunes filles.

Jusqu'à ce moment, nous avions réussi à les soustraire au

déshonneur en les faisant passer pour femmes mariées. On leur mettait des bébés sur les bras pour aider à la supercherie. Mais ces ignobles brutes jugèrent à propos de s'en assurer par eux-mêmes en leur découvrant le sein. Ces pauvres filles se défendaient de leur mieux afin d'échapper à cet examen ignominieux. Alors pour vaincre cette résistance on vit un gendarme leur maîtriser les bras, pendant qu'un autre leur dégrafait le corsage. Quant on sait dans quels sentiments de pudeur sont élevées nos jeunes filles on peut facilement imaginer les souffrances morales qu'elles enduraient; sentir cet examen outrageant par des brutes quand leur pudeur ne leur permettait même pas de se découvrir devant leur mère! Et que dire de leur affreuse situation quand elles se trouvèrent seules en compagnie des monstres qui les avaient violées.

Mais revenons sur le Mourad.

J'étais tombée dans l'eau sur le côté. Ramassant mes forces, je saisis le bordage du bac et réussis à me maintenir d'une main. De l'autre, je tenais mes souliers et sous le bras, ma provision de pain. Le bac n'avait pas encore atteint la rive que le pain m'était arraché. Dès que j'eus mis pied à terre je me hâtai de rejoindre les autres, lorsque je vis une dizaine de kurdes courir sur moi. Ils criaient : arrête! arrête! J'étais seule; mais en pareil cas, rester isolée, c'était tout risquer. C'est pour s'être trouvées séparées de la caravane que des femmes, même âgées, étaient exposées au viol. Aussi celles qui avaient réussi à gagner la rive s'étaient-elles rapidement éloignées. Les Kurdes approchaient. Je reviens vivement sur mes pas, dans la direction de la rivière et je me jette résolument dans l'eau. J'en avais jusqu'à l'épaule quand je les vis arrêtés sur la berge : « Viens ici », me criaient-ils.

Non, je ne me rappelle pas avoir éprouvé, au cours de ce voyage, pareil paroxysme de frayeur. Ce n'était, comme on le pense bien, ni les flots de la rivière, ni la mort qui m'effrayaient, mais le danger de tomber entre leurs mains. Je ne fus rassurée qu'après avoir vu qu'ils n'étaient pas disposés à aller plus loin. Livrée à mes réflexions, je lève la tête. En haut, le ciel était d'un bleu éclatant. En face une colline souriait de toutes ses fleurs. En quelle situation me trouvais-je? Dieu! Etait-ce un cauchemar? Etait-ce la réalité?... Ces Kurdes qui étaient là aux aguets... Et tout ce qui venait de se passer dans le bac!... J'en suis encore à me demander comment j'ai pu sortir de ce mauvais pas.

Enfin, les Kurdes s'éloignent et je sors de l'eau. J'arrive au camp mouillée, épuisée de fatigue et d'émotion. L'aspect des choses y avait bien changé. Tout le monde était trempé jusqu'aux os et dévalisé comme on ne pouvait l'être guère davantage; nous n'avions plus rien. Les paysans avaient perdu leurs ânes, qui leur avaient été confisqués au passage de la rivière. Le vent du soir nous pénétrait d'un souffle glacial. Toutes ces femmes blotties les unes contre les autres, frissonnaient d'épouvante et de froid. Elles pleuraient en silence. Une voisine de Samsoun, que j'allais voir, se lamentait dans un coin : « Ils m'ont pris mes deux filles, gémissait-elle. Ils m'ont jeté à l'eau, tandis qu'elles poussaient des cris d'alarme. J'ai failli me noyer. Pourquoi m'as-tu épargnée, Seigneur ? C'est donc pour les Turcs que je les avais si bien élevées ». Elle se frappait les genoux de désespoir. J'entrepris de la consoler, mais est-il au pouvoir des mots pour consoler de pareilles douleurs ?

Nous pensions que, n'ayant plus rien à prendre, nos

bourreaux nous laisseraient désormais tranquilles. Tel ne fut pas le cas. Toute la nuit, une trentaine de ces brigands ne cessèrent de nous harceler d'heure en heure régulièrement, en prononçant des mots religieux. Ils faisaient le tour du camp et s'entraînaient à l'attaquer. Ils nous frappaient de leurs gourdins, ils nous menaçaient de leurs poignards. Ils eur fallait de l'or. A défaut, ils prenaient tout ce qu'ils pouvaient. Ils rafflaient toutes les hardes qu'on avait mises à sécher. A beaucoup on ne laissa que la chemise, à d'autres on ne laissa même pas cette pièce de vêtement pour couvrir leur nudité. Jusqu'au matin nous tremblâmes dans nos vêtements mouillés.

La nuit était venue. La lune éclairait la plaine et la rivière. Sous la clarté lunaire, la nature belle et paisible, semblait insulter à notre malheur. Perdues dans ce coin du monde barbare, nous étions, femmes et enfants, sans défense aucune à la merci de ce déchaînement de cruautés surhumaines et, pour comble de détresse, il n'y avait là aucun être conscient pour témoigner de tant d'injustice et de crimes. Aujourd'hui la femme arménienne élève la voix pour protester devant le monde civilisé contre les tourments et les outrages dont elle a été abreuvée. Elle tend ses mains suppliantes vers les nations désintéressées et justes pour qu'elles entendent ses plaintes et se fassent le champion du droit naturel violé.

Bien que j'eusse été détroussée et battue, je peus me flatter, néanmoins, d'avoir été parmi celles qui furent le moins maltraitées. Il y eut des femmes à qui l'on infligea une vingtaine de fois la bastonnade. Quelques unes expirèrent sous le bâton.

Le lendemain nous vîmes arriver dans le camp une

brigade de gendarmes venus d'Alep et qui devaient remplacer ceux qui nous avaient escortés jusque là. C'est à ce moment que nous apprîmes que ces derniers avaient vendu notre caravane aux montagnards moyennant une somme d'argent. Une particularité qui m'a le plus frappée au cours de ces diverses aventures, c'est l'incroyable cupidité de tous ces sauvages ; si âpre elle se manifesta, qu'ils en oubliaient leurs autres passions. A peine au repos, dans les haltes, ils nous deshabillaient et, fait étrange, ils mettaient dans cette opération, l'indifférence du médecin qui examine un malade. Ils n'avaient soif que de rapines ; ils ne rêvaient que de cachette d'or. Ce n'est qu'après avoir satisfait à ce goût du pillage qu'ils pensaient à déshonorer les femmes. Ils ne se faisaient pas faute alors d'emmener celles qu'ils trouvaient à leur convenance et de les garder.

Une déportée m'a raconté ce qui suit: « Nous étions arrivés au sommet d'une montagne. Le chef de l'escorte avait remarqué dans la caravane une jeune fille et il la désira. Elle résistait. Là dessus il se présente, entouré d'une bande de Kurdes armés, et nous dit : « Vous allez de suite me livrer une telle, sinon, je vous fait toutes massacrer ». Leur attitude était si menaçante que nous ne pouvions douter qu'ils ne fussent prêt à passer de la parole aux actes. Visiblement le salut de la caravane était à ce prix. Nous nous jetons aux pieds de la jeune femme pour la supplier de consentir à ce qu'on lui demandait. Elle se taisait, pleurait, le visage caché dans ses mains. Enfin, elle se rendit à nos instances. Elle me pria seulement de l'acccompagner, car elle n'osait aller seule.

« Il faisait nuit noire. Je marchais devant. Elle suivait telle une condamnée. Je la menais jusqu'à l'endroit où je vis luire le feu d'une cigarette, et je m'arrêtai en lui indiquant la direction. Un moment restant sur place, je pus entendre ses supplications pour qu'on l'épargnât dans son honneur. Elle revenait le lendemain, la tête disparaissant sous un voile ; de honte elle n'osait se montrer. Elle se priva tout le long du jour de nourriture et n'adressa la parole à personne. Puis elle disparût vers le soir. Elle était allée probablement se jeter dans la rivière que nous venions de traverser ».

Le lendemain, la caravane se remettait en route sous la conduite de ses nouveaux gendarmes. Je marchais affaiblie, blessée et dans un état de lassitude inexprimable. J'avais les extrémités enflées, au point que je n'arrivais pas à mettre mes souliers. Je déchirais un corsage dont je m'entourais les pieds, mais à chaque pas je me blessais aux cailloux et aux épines de la route poudreuse. D'ailleurs, la plupart marchaient pieds-nus, même les femmes appartenant aux classes élevées de la société. Dès le début toute distinction de classe avait été abolie entre nous. Le niveau dans l'opprobre et la misère avait passé sur nous toutes. J'ai vu plus d'une fois des paysannes donner une chemise à de grandes dames réduites à l'état de nudité complète.

Après quelques jours de marche, nous nous arrêtons dans une localité nommée Han. Il y avait là une grande église dont il ne restait que la porte et les quatre murs. On nous y entassa et les gendarmes fermèrent la porte. A l'intérieur s'ouvrait un puits dont nous nous préoccupâmes de mesurer la profondeur en y jetant un caillou. Habituées au malheur et sans cesse dans l'attente du pire, l'idée nous vînt que ce n'était pas sans intention qu'on nous y avait enfermées. Pourtant nous nous trompions. Ce n'était qu'une précaution prise pour nous mettre à l'abri des entreprises des paysans de la région. Nous étions si entassées dans cette enceinte que nombreuses d'entre nous durent passer la nuit debout. Le lendemain on nous ouvrait les portes et aussitôt la caravane se remettait en route. D'autre attaques l'attendaient encore ce jour là, mais cette fois elles furent énergiquement repoussées par les gendarmes. Seules quelques femmes restées en arrière eurent à en pâtir. Nous les vîmes revenir entièrement nues. Parmi elles se trouvait la supérieure du couvent arménien de Samsoun, Sœur Vartouhi, qui, malgré son âge avancé, avait fait preuve de courage et de patience pendant cette pérégrination. Percée de plusieurs coups de couteau, elle saignait par toutes ses blessures. Malgré le dénouement général, on finit par trouver de quoi la couvrir.

Cette course fut pour moi une journée de tourments. Une dame amie qui, à toutes les misères de la situation joignait celle d'avoir traîné trois enfants en bas âge, me confia sa fillette âgée de sept ans. Pauvre petite ! Comme elle était sans chaussure, sa mère lui avait enveloppé les pieds de chiffons. Blessée par les épines, elle pleurait à chaudes larmes. Le danger était que le temps que je mettais à les lui arracher nous retardait dans la marche alors que nous étions suivies par des maraudeurs. Soudain, des femmes se mirent à crier : « gendarmes ! gendarmes ! ». L'un de ces derniers accourut de toute la vitesse de son cheval et fit feu sur les agresseurs. Mais l'alerte se renouvelait bientôt après et des femmes tombaient entre leurs mains. A leurs cris je précipite mes pas, mais la petite se refusait à me suivre. Que faire ? Je la prends alors sur le dos et je me mets à courir, mais pouvais-je aller loin avec ce fardeau ? Je le dépose a terre et je l'entraîne de force. Elle hurlait de douleur. Je veux l'effrayer en lui montrant les Kurdes qui étaient à nos trousses, mais elle ne voulait rien entendre. La pauvre enfant n'en pouvais plus. Je pleurais de désespoir. Je la prends encore une fois sur mes épaules et, par un effort suprême, je rejoins le gros de la caravane. Alors elle se souvint qu'elle avait faim. Je me rappelle que je n'avais moi-même rien mangé de la journée. Quel cœur eut été insensible à la souffrance d'une gentille enfant !

Elle n'était pas seule à souffrir, hélas ! Tous les enfants de la caravane marchaient nu-pieds sur cette route hérissée de cailloux et d'épines. On n'entendait de tous côtés que pleurs et gémissements. Pendant ces horribles journées un bruit monotone montait de la caravane pareil au bruissement d'un essaim d'abeilles. C'était le concert de pleurs, des gémissements, des lamentations de cette foule martyrisée.

Cette tragique rumeur nous enveloppait, emplissait l'espace, se répercutait dans les vallées et jusqu'aux montagnes lointaines. Je l'aurai éternellement dans l'oreille cette plainte d'un peuple agonisant.

Et la soif donc ! Au cours des deux derniers jours on avait été privées d'eau. Encore une fois on compta quelques victimes de la soif, et le martyre vint s'ajouter à notre fatigue et aux blessures saignantes. C'est dans ces conditions que nous faisions des journées de douze heures de marche. Le soir ayant campé dans une vallée où nous devions passer la nuit, je rendis l'enfant à sa mère en lui racontant les aventures de la journée. « Et moi donc, s'exclama-t-elle en pleurant. Vous pouvez juger par les ennuis qu'elle vous a causés du supplice que j'endure moi-même. Trois enfants à traîner... Souvent je pense qu'il vaudrait mieux, pour nous tous, mourir. Nos ennemis pourraient-ils infliger à une mère une plus cruelle souffrance. Moi qui avais élevé ces enfants avec tant de tendresse et de délicatesse. Au moins si je pouvais leur sauver la vie !... »

Le lendemain j'étais si malade que j'étais incapable de me mouvoir. Une épidémie d'ophtalmie s'était déclarée et j'avais contracté le mal. J'avais les paupières si enflées qu'à peine je pouvais distinguer la route. Bon gré mal gré, je m'attardais parmi les éclopés. Fort heureusement, un gendarme était là pour veiller sur nous. Au surplus, sur chaque pied, j'avais une dizaine de plaies purulentes. Les épines que je n'avais pu enlever avaient causé une inflammation que les interminables marches ne faisaient qu'aggraver. Malgré la faim qui me tiraillait je ne pouvais manger le pain qu'on nous vendait. Il était si mauvais ce pain. Je me contentai de mon eau. Ce jour-là, je tombai sur la terre humide et je m'étendis inanimée, la tête sur une pierre. L'état de repos eut pour effet de réveiller mes douleurs et par suite de supprimer le sommeil. Pendant un jour et demi je restai sur place, immobile. Comme je me trouvais au milieu de gens inconnus, je donnais une piastre à une femme pour qu'elle allât me chercher de l'eau. Je m'en humectai la langue desséchée de fièvre.

Pour la première fois depuis trois mois que nous étions sur les routes, les autorités nous firent une distribution de pain. On m'a jeté un morceau de pain. J'en mangeai une bouchée, je bus une gorgée d'eau puis m'endormis. Je ne saurais dire combien de temps je consacrais au sommeil, mais au réveil je me sentis réconfortée. Je jetais un coup d'œil autour de moi. J'aperçus au loin la ville de Soroudj qui me parut d'un aspect agréable, d'autant plus, que j'eus le clair sentiment que tout était bien fini pour moi. D'un instant à l'autre, j'allais tomber, comme bien d'autres. Que de fois n'ai-je pas été prise de l'irrésistible besoin de m'asseoir, mais une fois assise, c'eut été la mort. Je ne me serais plus relevée. Outre l'ophtalmie et le reste, j'étais prise de vertige. Le voile dont je me couvrais m'ayant été enlevé, j'allais tête nue sous le soleil. J'avais reçu un coup sur le flanc et à chaque pas que je faisais je sentais des élancements douloureux. Pendant les dernières quatre heures de marche, je sanglotais à haute voix. Je n'aspirais plus qu'au repos final. Cependant, du fond de ma conscience, montait une voix qui me disait de marcher, de marcher encore, d'aller jusqu'au bout.

Enfin on annonce l'étape. Encore un effort et l'on s'arrête à Soroudj.

Aussitôt notre caravane arrêtée, je m'étends sur la terre nue; mes membres endoloris m'empêchent de me reposer, mais je finis par m'endormir d'un lourd sommeil. Je me réveille le lendemain. La caravane s'était installée tant bien que mal. Nous étions situés en vue de la ville. Depuis plus de trois mois que les Turcs nous traînaient par monts et vaux ils ne nous laissaient non seulement pas pénétrer dans les villes et les villages, mais l'approche même nous en était défendu. J'appris que l'ordre de départ venait d'être donné pour le lendemain et que l'on ferait la route à pied. Je frémis à l'idée du supplice qui m'attendait. Je voulus me lever, comme pour essayer mes forces, mais n'y pouvant réussir, une voisine me vint à l'aide. Une fois debout je me sentis comme pétrifiée sur place, néanmoins je fis quelques pas en avant afin de m'entraîner à la marche et j'arrivais, toujours soutenue, jusqu'à l'endroit où se trouvait le groupe de mes connaissances. Toutes me témoignaient la joie de me revoir; mes amies m'accueillirent les larmes aux yeux; elles me croyaient perdue, tombée sur la route comme tant d'autres.

L'usage s'était établi entre gens d'une même localité de vivre ensemble, de façon à pouvoir se compter ou s'entraider au besoin; si grande était la cohue, si désordonnée était sa marche, par suite de l'allure rapide à laquelle était contrainte la caravane, qu'il arrivait souvent que les unes restaient separées des autres. On ne se retrouvait qu'à l'étape du soir, mais cela n'allait pas sans difficulté. Chaque nuit, le camp au repos retentissait des cris d'appel de ceux qui cherchaient dans la foule soit un ami, soit un parent. La caravane semait tant de victimes, sur les sentiers, que la disparition de quelqu'un était considérée comme définitive. Pour ne point s'égarer, les membres d'une même famille se tenaient par la main pendant toute la durée de la marche, formant une chaîne de cinq à six personnes qui ne se disloquait qu'au repos.

Cependant à Soroudj on nous permit, par faveur spéciale, d'aller en ville faire des emplettes. Je fus tentée de m'y réfugier au moins jusqu'à guérison complète. Une amie s'offrit de m'aider à aller jusque là. J'y consultai un médecin dont les soins me procurèrent le plus grand bien. Puis on nous conduisit dans un *khan* (1) occupé par des coreligionnaires

(1) Hôtellerie turque.

d'Amassia où l'on nous céda un coin assez propre moyennant une modique rétribution. Comme je me rendais au bazar pour acheter du pain, je rencontrai une amie de Samsoun qui m'invita à venir chez elle. Elle habitait une maison construite en terre, composée d'une seule pièce, genre d'habitation qui était une nouveauté pour nous. Elle avait été autorisée à s'y fixer, en considération de son talent de couturière qui la faisait rechercher par les femmes des fonctionnaires turcs.

« Je travaille, me dit-elle, pour la dame d'un major. Ce sont des gens fort bien. Ils demandent une personne pour diriger leur maison en même temps que l'éducation des enfants. J'avais bien pensé à toi, mais je m'étais laissé dire que tu étais morte en route. Veux-tu que je te présente ? »

J'acceptai avec l'empressement qu'on devine.

Bientôt après la femme du major me faisait appeler. Son mari était là. Elle me proposa de me prendre chez elle comme institutrice et pour veiller sur ses six domestiques, de manière qu'elle n'eût à s'occuper de rien dans la maison. Je m'inclinai et la remerciai avec effusion.

Cette affaire réglée, elle donna des ordres pour me faire chauffer un bain. C'était ce dont j'avais le plus besoin, tant je me sentais perdue dans la crasse. Quel bien-être je ressentis quand, lavée et vêtue de linge bien propre, je m'étendis sur un divan. Je fus accablée de soins et de prévenances. La *hanoum* (1) m'appliqua elle-même des compresses à mes pieds endoloris, et son mari, après qu'il m'eût versé quelques gouttes de collyre aux yeux, fit désinfecter mes vêtements.

(1) Dame turque.

Combien me parût différente cette Musulmane des Turques rencontrées à travers l'Anatolie. Elle était issue d'une famille notable de Damas et l'arabe était sa langue maternelle. La beauté de ses traits, la délicatesse de ses manières, son inépuisable bonté, m'ont laissé un souvenir fait d'admiration et de reconnaissance.

Après de long cauchemars d'épouvante, j'éprouvais un doux soulagement à vivre dans cette atmosphère de cordiale hospitalité. Depuis plusieurs mois je ne savais ce que c'était que manger chaud et là j'étais comme la commensale d'une table luxueuse. Les forces me revenaient graduellement et au bout de quelques jours les plaies que j'avais aux pieds étaient cicatrisées.

A mes sollicitatlons, ils prirent à leur service une jeune fille de mes amies, Mlle Satinik Palandjian, dont la situation était des plus tristes. Sa mère, gravement malade, avait été envoyée par les autorités dans un *khan* où étaient reléguées toutes les malades dont on voulait se débarrasser. Point de visite médicale, point de médicament. Les employés de ce sinistre établissement n'avaient d'autres fonctions que de faire le triage des morts. Quand le major eut appris que la mère de la jeune Palandjian y était hospitalisée, il manifesta le désir de lui porter lui-même du bouillon. Sa femme devait l'accompagner. Comme il faisait nuit, il avait allumé un fanal. Alors je l'arrête pour lui dire que ce n'était pas la peine qu'il se dérangeât. Elle était morte dans la journée.

Le major et sa famille devaient se transporter à Marache où l'appelaient ses fonctions. Les bagages étaient prêts et l'on devait se mettre en route le lendemain. Par prudence j'avais cru devoir lui faire part de mon état de grossesse. Une jeune fille, qui venait faire de la dentelle à la maison, s'en aperçut et en causa. La dame me fit appeler et me demanda si le fait était exact. En quelques mots je la mis au courant de ma position. « Je savais, me dit-elle, qu'il y a à peine trois mois que tu es séparée de ton mari et j'ai la conviction que tu es honnête, mais à Marache, où nous allons nous installer, nous ne sommes pas connus et je ne voudrais pas qu'une personne à mon service accouchât chez moi. Tu comprends, la chose pourrait être interprétée à mal. Je regrette donc de ne pouvoir t'emmener ».

Après lui avoir dit combien j'étais touchée des sentiments d'humanité qu'elle et son mari m'avaient témoignés, je voulus lui faire mes adieux et partir à l'instant même. Non, me dit-elle, tu resteras avec nous jusqu'au moment du départ. Je passais donc encore un jour dans cette maison hospitalière, puis, en compagnie de Mlle Palandjian, je me rendis chez le Caïmacam pour lui demander un laisser-passer qui m'aurait permis de me rendre à Alep en chemin de fer. Cela fait, nous nous rendîmes dans une masure où agonisait la fillette de mon amie Emineh. Elle prit l'enfant dans ses bras et ne voulait plus s'en séparer. Je pris par la main sa petite Heranouch et nous nous rendîmes à la gare. Plus d'une fois les Turcs et les Kurdes avaient voulu la lui enlever, mais ils avaient reculé devant l'héroïque résistance de la mère. Cependant cette fleur épanouie dans un milieu raffiné devait bientôt se faner...

A la gare je rencontrai quelques connaissances de la caravane. Elles étaient venues poussées par l'espoir qu'elles obtiendraient l'autorisation de voyager en chemin de fer jusqu'à Alep ; mais les autorités avaient jugé à propos de ne faire aucune exception en faveur des déportées, et avaient donné aux employés l'ordre de leur refuser des billets. La perspective d'avoir encore à faire une marche de six à sept jours était propre à m'alarmer. Outre que mes forces s'étaient épuisées, j'étais sans argent. Il m'en restait juste assez pour prendre un billet à destination de Alep. Je ne rêvais plus que de me réfugier dans une ville et de n'avoir plus à courir par monts et par vaux.

J'allais donc supplier le chef de gare de me faire donner un billet. Je fis valoir mon titre d'institutrice et la certitude où j'étais de pouvoir gagner honorablement ma vie à Alep. Il eut l'air de me prendre en pitié et promit de faire droit à ma demande. J'appris qu'il avait fait la même promesse à une trentaine de déportées que je trouvais groupées dans un coin de la gare et auxquelles je me joignis. On attendit toute la journée le train qui n'arriva que dans la soirée. Toutes ensemble nous allons trouver le chef de gare pour lui demander nos billets ; mais, oubliant ses promesses, il nous chassa toutes devant lui. Il crut devoir cependant distribuer une quinzaine de billets à un groupe de religieuses. Tandis que ces dernières se dirigeaient vers le quai d'embarquement, des gardiens vinrent nous disperser à coup de fouet. Cependant je ne pouvais renoncer à l'espoir de profiter de cette occasion de m'embarquer. Comme la dernière sœur posait le pied sur la marche du wagon, l'idée me vint de me glisser à sa suite. « Où vas-tu ? » me demanda un conducteur. — Je suis avec les sœurs, répondis-je sans me laisser démonter. Il n'insista pas. Il était occupé à causer avec quelqu'un et il ne pensa plus à moi.

Je me placai dans un coin et j'attendis avec impatience le

départ du train. Je craignais à chaque instant de voir arriver un employé pour me faire descendre. Enfin un signal est donné; le train s'ébranle. Quelle joie! Nous partons enfin. Je suis surprise de rencontrer là de vieilles connaissances. Elles avaient réussi à gagner un employé moyennant quelques livres turques. Nous traversons l'Euphrate sur un pont. A mi-chemin un contrôleur vient vérifier les billets. Mon tour arrivé, je m'excuse de ne pouvoir lui présenter le mien, car voyageant pour la première fois, j'ignorais qu'il fallait le prendre à l'avance. Je lui glissai discrètement deux medjidiés dans la main en lui disant que c'était tout ce que je possédais. Il demanda un supplément de cinq piastres que je m'empressai de lui accorder bien qu'il ne me restât que huit piastres pour tout viatique.

Il faisait nuit quand nous arrivâmes en gare d'Alep. A la clarté de la nuit la ville me parut au loin fantastiquement belle. Nous nous disposions à descendre du train, lorsqu'on vint nous signifier l'ordre de ne pas bouger de nos places, car les autorités avaient décidé de nous envoyer à Hama. Je savais à quoi m'en tenir sur cette tactique des autorités qui consistait à nous envoyer toujours plus loin, en nous faisant croire que l'étape prochaine serait la dernière. Alors me revint à l'esprit le mot d'un Turc, conducteur d'ânes. Comme je lui exprimais mon étonnement qu'on nous conduisit d'un point à un autre, en nous leurrant sans cesse de l'espoir qu'on n'irait pas plus loin, je voulus savoir par lui où s'arrêterait notre voyage. « Votre voyage, me répondit-il, ne finira qu'à l'endroit où vous serez crevée. Voilà la vérité ». Ce propos me parut alors entaché de malveillance. Pourtant c'était l'expression même d'une vérité que je n'ai jamais entendu sortir que de la bouche de cet homme. Le but de notre course à travers l'Anatolie était Deïr-ul-Zor. Ainsi en avaient décidé les autorités mais celles-ci s'appliquèrent à y mener les déportées par les chemins les plus longs, de façon à les réduire par la fatigue, la faim, la soif, sans préjudice des assassinats et des pillages systématiques. Les quelques survivants qui eurent assez de force et de résistance pour supporter les privations et assez de chance pour échapper aux embûches de la route, furent exterminés à Deïr-Ul-Zor même, par le yatagan du Turc.

Enfin les employés font descendre les sœurs, mais ce ne fut que pour les soumettre à un interrogatoire en règle. On leur demanda, entre autres choses, pourquoi elles ne portaient pas leurs habits de religieuses. Elles répondirent que, ayant été plus que dévalisées, elles avaient mis pour se couvrir ce qu'elles avaient pu trouver. A mon tour je suis questionnée : « Et toi, me demande un employé, tu es aussi religieuse ? » Je réponds que je suis institutrice de mon métier et que j'enseigne dans les écoles la musique, les sciences et les travaux manuels. « Va-t'en, s'écrie-t-il avec colère, qui t'a donné la permission de descendre du train ? Et tu oses encore afficher la prétention d'instruire les autres ?... Demain tu seras à Hama ». On nous interna dans un wagon, mais cela manqua d'agrément. Tapis dans le compartiment, nous n'avions pas une place où nous asseoir. Pour goûter un peu de repos, j'eus l'idée de me mettre sous une banquette, l'air y était irrespirable, ce qui ne m'empêcha point de dormir jusqu'au jour si grand était le besoin de sommeil. Par bonheur, les employés nous accordèrent la permission de descendre du train pour respirer l'air frais du matin.

Pendant que nous n'étions pas trop surveillées, je proposai à une amie de profiter de l'occasion pour nous enfuir, mais devant ses hésitations, je me décidai à partir seule. Je traversai la voie sans précipitation, jouant l'indifférence, mais à peine avais-je fait quelques pas qu'un gardien de la ligne se précipita sur moi à coups de fouet et me fit rentrer dans le wagon dont il ferma la portière.

Où les dames arméniennes se font les servantes des Turcs

Le train allait partir lorsque quelqu'un se présente à la portière et demande l'institutrice. On me fait sortir et on me met en présence d'un homme court de taille, gros, à l'expression sévère.

« A propos, me dit ce personnage, j'ai besoin d'une femme instruite qui sache repasser, coudre et instruire mes enfants. Veux-tu venir chez moi comme servante ? — Je veux bien, répondis-je, si toutefois je suis traitée honnêtement chez vous. »

Cette idée d'entrer au service d'un Turc m'impressionna d'autant plus péniblement que je ne savais trop ce qui m'attendait dans la maison de celui-ci. On nous avait dit que les pasteurs protestants et les prêtres catholiques venaient à chaque arrivée d'un train de déportées réclamer celles qui appartenaient à leur communauté. Le pasteur se trouvait justement là et on me le montra assis dans une voiture. Je m'approchai du Révérend pour lui demander si je ferais bien d'accepter les offres de cet homme et je lui montrais le Turc ; mais c'est à peine s'il tourna la tête de mon côté : « Passe ton chemin », fit-il, l'air d'ailleurs assez ennuyé. Que faire ?

Aussi bien pouvais-je espérer que le Turc ne voudrait pas de moi quand je lui aurais dit où j'en étais de ma grossesse. Pour mettre un terme à mes perplexités, je m'approchai pour lui dire que puisqu'il consentait à me prendre à son service j'avais cru devoir le prévenir que vu mon état, je me trouvais dans l'impossibilité de me livrer à un travail qui me serait trop pénible.

« Qu'à cela ne tienne », répondit-il après un moment de réflexion. Et aussitôt il arrêta une voiture. A ce geste décisif, mes hésitations me reprennent, mais je réfléchis que si la situation y était par trop intolérable j'aurais toujours la ressource de m'enfuir. Je vais prendre congé de mes compagnes non sans toutefois me reprocher de les abandonner à leur misère. « Trouvez-nous des places pour nous caser, me criaient-elles unanimement, riches ou pauvres. Nous sommes prêtes à faire n'importe quoi ».

Je monte dans la voiture. Un soldat m'accompagne. Nous nous arrêtons devant une maison de belle apparence. Le soldat frappe à la porte. Une jeune Arménienne vient nous ouvrir. Il y avait donc là une Arménienne? Cette circonstance contribua, je ne sais trop pourquoi, à me rassurer. Elle me conduisit à une pièce oû se trouvaient deux femmes, la mère et la fille. Celle-ci était l'épouse du Turc. Elles se mettent tout d'abord â me considérer avec curiosité et je réponds à toutes leurs questions. Elles paraissent s'émouvoir au récit de mes aventures et poussent force exclamations de surprise. « Dieu ! que tu as les pieds enflés ! Repose-toi quelques jours », dirent-elles.

Cependant je ne me reposai qu'une journée dans cette maison où je devais séjourner deux mois et demi. C'est là que j'ai vécu les heures les plus difficiles de mon existence. A retracer son histoire intime et à expliquer ses mœurs particulières, il faudrait un volume, mais je me ferais scrupule même à effleurer ce sujet en étalant au grand jour la vie d'une famille, si peu estimable soit-elle. Cependant je ne puis m'empêcher de dire que j'en suis arrivée à cette conclusion que la famille turque ignore ce que nous appelons le bonheur domestique. On peut même affirmer en conscience que la famille turque n'existe que de nom. On n'y voit que haines, insensibilité et grossièreté dans les rapports. Aucune règle de vie, aucune tradition. L'enfant y est gâté, capricieux, cruel, et, le dirai-je, immoral.

Par un hasard singulier, j'étais tombée dans la maison du Président de la Commission des Déportés. On conçoit quelle dût être ma souffrance morale, obligée que j'étais de servir un homme dont la fonction consistait à arracher tout un peuple de ses foyers pour qu'il pérît dans les sables du désert. Il fallait faire sa cuisine, supporter de blessants discours. Il fallait tout supporter et se taire.

Tous les jours de malheureux Arméniens se présentaient à sa porte avec des requêtes à la main, où il ne s'agissait pour eux de rien moins que d'une question de vie et de mort. La consigne était de répondre que le bey n'était pas à la maison; mais lorsque leurs ayant dit cela, j'ajoutais à voix basse qu'il était chez lui et qu'ils n'avaient qu'à l'attendre dans la rue, quelle gratitude exprimaient leurs regards désolés.

Les Turcs avaient trouvé en cet homme le digne exécuteur de leurs plans sanguinaires. Il n'avait point de cœur. On comptait sans doute sur lui pour donner aux instructions qu'il recevait le cachet de férocité qui faisait le fond de son caractère.

Comme toute bonne famille turque, celle-ci était nombreuse. Elle se composait du maître, le bey, de taille courte, obèse, irascible, au sourire parcimonieux. Le soir quand il ne rentrait pas trop ivre, il chantait sur le *out* (1) et se faisait accompagner par sa femme. Celle-ci, la hanoum, toujours fagottée, ignorante, prompte aux émotivités passagères avait un fond de cruauté native, ce qui ne l'empêchait d'ailleurs pas d'être aimable avec son mari. Au reste, assez bonne ménagère, mais portée au gaspillage. Puis il y avait sa mère, femme nerveuse, et non moins irascible que son gendre. Elle passait pour riche. Signe caractéristique, elle n'aimait point sa fille. Puis, son père, de complexion maladive, à qui son gendre témoignait une certaine déférence. Quant aux enfants, citons en premier lieu Feridoun, fils de la hanoum, insupportable parce que gâté par tout le monde et le petit Djinghis, âgé d'un an. Enfin le nommé Ill-Hami, âgé de douze ans, enfant d'un premier lit et d'une mère tcherkesse, divorcée.

La domesticité se composait d'une jeune Arménienne, déjà citée, originaire du village de Haïk, en Anatolie, et d'une jeune musulmane de 13 ans, toujours sale, une immigrée de Roumélie, et du portier. J'allais oublier la belle petite Féridah, rusée comme un serpent, mais que toute la maison adulait.

Le plus mal partagé de la famille, c'était l'infortuné Ill-Hami qu'on envoyait garder les vaches et les buffles de

(1) Instrument de musique oriental.

la maison. Après son divorce, le père l'avait pris avec lui, suivant un droit établi par la loi koranique. En butte à toutes sortes de vexations, il était souvent privé de nourriture. Plus on gâtait Féridoun, plus on malmenait Ill-Hami. J'ai vu plus d'une fois la marâtre s'acharner sur lui à coups de bâton. Visiblement elle se laissait emporter par une haine aveugle au point qu'on eut dit que le sentiment de rivalité retrospective dont elle était animée à l'égard de la première épouse, se soulageait dans la souffrance de l'enfant. Féridoun était libre de me battre, voire de me jeter une chaise à la tête.... Il lui arrivait même de battre sa mère laquelle, au lieu de le réprimander, l'embrassait avec tendresse, toute dans l'admiration de la vigueur précoce montrée par un enfant de sept ans Tous les soirs on faisait le *procès* d'Ill-Hami si le père ne rentrait pas trop tard et si le *raki* (1) n'avait pas trop troublé sa raison. Plus d'une fois, je fus grondée par la hanoum pour avoir donné des parts égales aux deux enfants. A ses furieuses récriminations, je répondais sur un ton d'indifférence affecté que tel était l'usage chez nous.

Je me devais à tout ce monde.

Pieds nus, pataugeant dans l'eau, je faisais la cuisine, le raccommodage et soignais les enfants. Deux fois par semaine c'était la lessive et le repassage. Non seulement je n'avais pas un seul moment de repos le jour, mais la nuit j'avais à m'occuper de Djinghis qu'on venait de sevrer, enfant pleurnichard qui ne me laissait aucun répit. Je lui chantais, pour l'endormir, d'interminables berceuses, mais quelles berceuses! Toute la haine qui couvait dans mon cœur pour la race

(1) Eau-de-vie.

détestée à qui appartenait l'enfant, je l'exprimais dans celles que j'improvisais pendant les longues veillées. Un mois s'était à peine écoulé depuis que j'étais à leur service que la hanoum tombait malade du typhus. Par crainte de la contagion sa mère ne l'approcha pas une seule fois. On me constitua sa garde malade avec mission de veiller sur elle nuit et jour, sans que pour cela on me dispensât des travaux du ménage. Elle guérit, mais il faut croire que le mal dut affecter quelque peu ses facultés si l'on en juge par la bizarrerie de ses procédés. Une de ses singularités était de nous priver de nourriture. Le plus souvent elle nous donnait le reste des enfants. Bien que je fusse chargée de la cuisine, je ne touchais à rien sans son consentement. Comme rien ne laissait entrevoir que cette situation dût changer, je lui demandais un jour de me faciliter les moyens de faire parvenir une lettre à mes parents à Constantinople pour en obtenir un secours d'argent. Sèchement elle refusa. Aussi bien, j'aurais pu adresser ma requête au bey qui me témoignait quelques égards mais je ne voulais lui avoir aucune obligation. J'évitais même sa présence autant que cela était possible. Sa femme m'avait donné une robe de couleur rose. Je ne la portais jamais, de crainte qu'elle ne m'avantageât plus qu'il ne convenait. Je continuai à m'affubler de celle que je m'étais confectionnée d'une toile de matelas, ce qui me donnait une tournure de villageoise du plus disgracieux effet.

A vrai dire, le bey affectait dans son intérieur une attitude correcte. Il s'appliquait à ménager mon amour-propre, et c'est la seule satisfaction que j'eusse trouvée chez lui.

Plus mes forces diminuaient, plus on se plaisait à

m'accabler de besogne. Sous prétexte que Marguerite ne savait pas bien battre les tapis, la dame m'avait chargée de ce travail. Que de fois ne les ai-je pas arrosés de mes larmes, ces tapis. Cependant je prenais mon mal en patience par la crainte du pire, et pour éviter le redoutable exil de Deïr-ul-Zor. J'étais d'autant mieux portée à la résignation qu'on m'avait fait concevoir l'espérance de me garder après l'accouchement. Je croyais me mettre ainsi en situation de sauver l'enfant.

Soit calcul, soit qu'elle eût fini par apprécier mes services, la mère de la hanoum parût vouloir me traiter en douceur. Il lui arrivait de me dire parfois que sa fille n'avait jamais pu trouver servante plus accomplie et qu'il fallait de toute nécessité que je restasse avec eux. Pourtant un beau jour elle m'ordonna de puiser de l'eau. Le puits était profond, et le seau très lourd. C'est avec quelque peine qu'on arrivait à deux à monter l'eau. En entrant à leur service, il avait été expressément entendu qu'on me dispenserait de toute besogne trop pénible pour moi. Cette condition ils l'avaient acceptée. Aussi, je m'insurgeais devant ses prétentions.

— Tu puiseras l'eau, me répéta-t-elle d'un ton impératif.

« Vous savez bien que je ne peux pas. Vous ne me l'aviez pas demandé jusqu'à ce jour ».

— Je te l'ordonne, répliqua-t-elle et j'entends que tu m'obéisses.

Subitement je saisis sa pensée. Pour me garder indéfiniment et m'avoir à discrétion, n'avait-elle pas imaginé de se débarrasser de l'enfant avant qu'il vît le jour. L'impulsion que j'en ressentis fut si vive que je fus prise d'un mouvement convulsif. Décidément j'avais affaire à un monstre. Jusqu'à cet instant j'avais été une esclave humble et résignée. Je changeai de ton. Je lui répondis avec colère que j'étais résolue à lui désobéir, dût-il m'en coûter la vie, car je ne voulais pas être l'assassin de mon enfant.... Pauvre petit! Quelle chance qu'il ne soit pas venu au monde dans cette maison où, d'une manière ou d'une autre, on aurait bien fini par le faire disparaître afin d'avoir une servante libre de tout lien.

Quelques jours après cet incident, sa fille me demanda si mon intention était d'accoucher chez eux ou à l'hôpital Altounian. « Envoyez-moi à l'hôpital, lui répondis-je. J'entends que vous ne fassiez aucune dépense pour moi. J'ai à Constantinople des parents qui ne manqueraient pas de venir à mon secours s'ils pouvaient savoir où je suis ».

Mais je ne sais vraiment trop pourquoi, ils se décidèrent brusquement à se séparer de moi. Un jour le bey et sa femme me firent appeler au salon. Il prit la parole : « Madame, me dit-il, une nouvelle loi nous défend de garder des Arméniens à la maison. Tu comprends qu'en ma qualité de Président de la Commission des Déportés je ne puisse faire moins que de me soumettre strictement aux obligations qu'elle impose. A défaut, je m'exposerais à la plus grave responsabilité. Tu partiras donc aujourd'hui même en bateau, à destination de Kiliss. J'espère qu'on vous y laissera tranquille », ajouta-t-il, en détournant ses regards. Il avait donc une conscience cet homme pour qu'il évitât de me regarder.

Je restai clouée sur place, comme foudroyée. J'essayai de l'attendrir. « Seigneur, lui dis-je, je vous prie de me prendre en pitié. Croyez bien que je ne vous serai pas à charge. Laissez moi aller à l'hôpital. Pour l'amour de vos enfants ayez pitié de moi. Faites qu'on ne m'envoie pas dans le désert mourir de faim ». Les larmes m'inondaient le visage. C'était la première fois que je m'humiliais devant cet homme, mais il demeura inflexible. Le moyen d'ailleurs de toucher un cœur endurci dans l'exercice d'une fonction qui consistait à envoyer journellement des milliers de créatures à la mort !

Un instant, il réfléchit, prit une plume et libella deux billets qu'il me tendit : « Tu remettras l'un, me dit-il, à l'employé de Hatma ; l'autre au Caïmacam de cette même localité qui est un brave homme. Je leur demande qu'ils t'accordent toute l'assistance nécessaire »..

Une voiture attendait à la porte. En prenant congé, la mère me donna un *medjidié* (1) en prononçant ces mots : « Madama, *tchok éméin var bisdé, hakene helal et* (2) ». Je refusai la pièce. Offerte de cette manière, cette gratification déguisait une fourberie musulmane, car par là elle se dégageait en conscience de toute obligation à mon égard. Aussi mettait-elle la plus vive intention à me faire accepter non seulement la pièce, mais la formule d'acquittement que je devais prononcer pour qu'elle fut rituellement valable. Mais ayant réfléchi qu'après tout j'aurais peut être besoin de cet argent j'en passai par où elle voulut.

Les enfants comprenant que je partais se mirent en travers de la porte. « Non, *Madama* ne s'en ira pas d'ici » criaient-ils en pleurant. Remuée par ces larmes, la hanoum

(1) Pièce de monnaie en argent valant environ 4 fr. 25.

(2) « Vous nous avez comblés de biens, faites que notre droit soit licite ».

se mit à larmoyer de son côté. Le pauvre Ill-Hami, qui avait ses raisons particulières de tenir à moi, sanglotait à faire pitié. Après les avoir embrassés, je les repoussais pour ouvrir la porte. J'emportais pour tout bagage un paquet qui contenait une petite couverture, deux chemises de bébé, une chemise pour moi que la hanoum m'avait données.

Point de repos pour l'Arménie

La voiture me déposa place Sébil, près de la gare de Bagdad. Là j'appris que le train venait de partir et qu'il n'y en aurait pas un autre avant une huitaine de jours. En attendant je dus me résigner à me réfugier parmi la foule des déportés qui campaient plus loin en plein air dans la plaine. Seules quelques familles qui avaient leurs hommes avaient pu se loger sous des tentes de fortune. J'entrais sous l'un de ces abris et je demandais aux femmes de m'y laisser reposer un moment. Cette faveur m'ayant été accordée de bonne grâce, pour la première fois depuis trois mois je pus dormir tout mon saoûl. Vers le soir j'allais à une autre partie du campement où s'était isolé le groupe de veuves. Assise sur ma couverture, je regardais avec curiosité le spectacle qui s'offrait à mes yeux. Le pittoresque le disputait au tragique. Une femme broyait entre deux cailloux un chétif morceau de viande qu'elle venait d'acheter. Après y avoir mélangé de l'oignon et du *boulgour* (1), elle roulait le tout en boulettes qu'elle avalait à mesure toutes crues.

Çà et là des marmites de cuivre, miraculeusement échap-

(1) Blé grossièrement moulu et décortiqué.

pées aux pillages, fumaient sur un feu flambant entre deux cailloux; mais la majorité devait se contenter de la ration de 100 grammes de pain par jour. Un barbier rasait la tête de quelques vieilles femmes qui avaient trouvé ce moyen pour se débarrasser de la vermine qui les dévorait. Plus loin, une jeune fille se mourait, tandis que sa mère penchée sur elle, pleurait éperdument. En général toutes les jeunes filles pâles et amaigries, se faisaient remarquer par leur détresse physique. La plupart avaient quitté leurs chemises pour faire la chasse à la vermine. Des femmes mangeaient tranquillement au milieu d'un joyeux tapage d'enfants, insconscients, hélas! du sort qui les attendait. Une autre racontait comment les Turcs lui avaient emporté les enfants de sa caravane en les choisissant à partir de l'âge de 15 ans pour les envoyer on ne savait où. On lui avait arraché le sien en dépit de ses larmes et d'une résistance désespérée.

Au déclin du jour l'on distribua la ration de pain. La nuit tomba bientôt sur toutes ces misères. Les astres s'allumaient dans l'air froid d'une limpide nuit de Novembre. Des nuages sombres barraient l'horizon. Devant passer la nuit à la belle étoile, je demandais à quelques voisines si elles pouvaient me prêter quelque chose pour me couvrir. Une femme me montra un haillon de toile qui traînait par terre en me disant que je pouvais l'emporter. Je ramassais avec empressement cet objet que je n'aurais pas voulu donner à un chien et je m'étendis dessus avec un caillou sous la tête. J'étais à peine endormie qu'une femme venait brutalement me reprendre la toile. A ce moment un vent froid soufflait avec force. Les étoiles avaient disparu derrière un nuage noir et tout avait sombré dans une obscurité d'orage. Au loin, filtraient les lumières des habitations. Ramassée sur moi-même, grelottant de froid, je me demandais avec une rage concentrée de quel droit les uns jouissaient du privilège de coucher dans leur lit alors que d'autres se voyaient condamnés à passer les nuits sur la terre nue; pourquoi on les laissait tranquillement vivre chez eux au sein de leur famille, alors que moi j'étais privée du nécessaire, loin des êtres bien aimés.

La pluie commence à tomber, un vent glacial me collait la chemise sur la peau. Assise dans la boue, je me pris la tête dans les mains et longtemps je sanglottais. La pluie cessa enfin. L'aube bientôt après rougit à l'horizon et le soleil monta radieux. Toutes ces malheureuses s'empressèrent de quitter leurs frusques mouillées pour les faire sécher. Réchauffées par les chauds rayons du soleil, elles rendaient grâces à Dieu. La jeune malade était à tout extrémité : elle ne parlait plus, et son regard fixait le ciel bleu et souriait.

Quand les habits furent séchés, je me réhabillai. Ma première préoccupation fut de me procurer tout ce qui était nécessaire pour me garantir du froid. Avec le medjidié de la turque j'achetais un matelas et une couverture à une femme d'Adana nommée Féridah. Sa sœur et ses deux enfants, hospitalisés dans l'Eglise d'Alep, venaient successivement de succomber au typhus. De toute sa famille, il ne lui restait plus qu'une fillette. Et comme pour ajouter à des malheurs encore cuisants, les autorités venaient de réquisitionner le nombre de charrettes voulu pour transporter sa caravane à Kiliss, malades et valides, sans distinction.

Elle était sans argent et les lendemains lui apparaissaient

incertains. « Tranquilise-toi, lui dis-je, j'ai sur moi des billets de recommandation et je te ferai passer pour ma sœur. A Kiliss, je louerai une maison où tu logeras avec moi. Tu garderas mon enfant et moi je gagnerai notre vie en donnant des leçons et comme couturière ». Pendant que nous esquissions ces projets d'avenir, je cousais assise sur le matelas que je venais d'acheter.

« Pour l'amour de Dieu qu'est-ce que tu es en train de coudre ? » fit une femme qui était là à me regarder curieusement.

— Des chaussons, répondis-je, en réprimant un sourire.

« Eh ! Eh ! ricana ma voisine, faut-il tout de même qu'elle soit optimiste, celle-là. Elle en est encore à croire qu'il y a sur terre un lieu ou elle pourra accoucher. Va, mets-toi bien dans l'esprit qu'on ne laissera pas grandir ton enfant ». — Elle oublie que nous sommes Arméniennes, reprit une troisième. Notre avenir est bien clair : tout au moins nous serons décimés par l'hiver. Je sais bien dans quelles boues pourriront ton cadavre et celui de ton enfant ».

Chacune disait son mot; mais ces choses, elles les disaient avec la calme sérénité de l'indifférence ; toutes ces femmes s'étaient familiarisées avec l'idée de la mort. La mort, elle ne les émouvait plus, n'éveillait aucune terreur dans leurs âmes, elles la souhaitaient comme une délivrance.

Sans prendre garde à ces propos, je continuai tranquillement mon travail. « Savez-vous, leur dis-je, avec quoi je les confectionne? Avec les manchettes d'une jacquette appartenant à ma maîtresse. Comme elles étaient trop longues elle m'avait chargée de les raccourcir. J'en utilise les morceaux pour mon bébé. Ce travail je le fais pour me distraire, et aussi en pensant que les pieds d'un nouveau né sont sensibles au froid. En ce qui me concerne, je suis loin de partager votre pessimisme. Qui sait si ces petits chaussons ne serviront pas à un futur ministre de notre Arménie libérée. Ne riez pas. Tâchez plutôt de garder dans votre mémoire cette conversation pour vous la remémorer le jour où vous entendrez parler de mon fils. »

Un brusque incident vint interrompre mon discours. Une jeune fille fit irruption au milieu de nous en criant : « Pour l'amour de Dieu, cachez moi bien vite ». Il y avait là une tente formée de quelques carpettes ou, la nuit, s'entassaient une trentaine de personnes. On l'y fit entrer et l'on se hâta de jeter sur elle une couverture sur laquelle on accumula divers objets. Cela fait, je vis accourir un gardien qui, me prenant par un bras, cherchait à m'entraîner de force. J'avais beau lui dire que je ne connaissais personne qui pût s'intéresser à moi; sans m'écouter il me poussait vers un individu qui, à ma vue, se mit à crier : « Non, ce n'est pas elle ». Il lâcha prise aussitôt, mais sans pour cela renoncer à ses recherches. Il pénétra même sous la tente, d'ou il sortit presque aussitôt sans se douter de rien.

Quand le calme se rétablit, on apprit que c'était la servante d'un fonctionnaire turc et que celui-ci ayant voulu la violenter, elle s'était échappée de ses mains pour se réfugier parmi les déportées où elle pensait qu'on perdrait ses traces. « Qu'on m'envoie au désert, disait-elle, n'importe où, cela m'est égal. Plutôt la mort que la honte d'appartenir à un Turc ».

Pauvre fille d'Arménie. « Elle n'avait fui la pluie que pour s'exposer à la grêle », car bientôt après elle devrait être victime d'un attentat plus odieux que celui auquel elle avait échappé. Des Arabes, après lui avoir fait subir les derniers outrages, s'appliquèrent à lui tatouer le visage, suivant la coutume qu'ils avaient adoptée de graver sur toute Arménienne qui leur tombait sous la main le stigmate de la honte qu'ils lui infligeaient.

La jeune malade expira à l'heure du midi. Sa mort fut saluée par toutes avec joie. Encore une à l'abri de la souffrance et des flétrissures. Sa mère que nous essayons de consoler nous disait ce qu'avait été sa trop brève existence. Ses fiançailles avec un jeune homme dont elle était aimée et qu'elle aimait, comment son futur fut massacré sous ses yeux, enfin tous les rêves que ce drame avait dissipé. « Etait-ce pour ces jours horribles que nous avions donné la vie à ces enfants », s'exclama-t-elle, en montrant le cadavre d'une pâleur de cire étendu sur la poussière. Une charrette vint qui l'emporta sans cérémonie, laissant seule la mère infortunée.

Vers le soir, des marchands turcs vinrent nous vendre des vivres. J'achetais, faute de mieux, une tête de mouton décharnée dont je fis mon repas. Le temps s'étant remis à la pluie, chacun fit de son mieux pour s'abriter ; mais le plus grand nombre restait sans défense sous l'averse : c'était le cas de la plupart des malades. Il plut toute la nuit jusqu'au matin ; ma couverture ruisselait d'eau. Par bonheur le soleil vint encore une fois dissiper les nuages, sécher nos haillons, ranimer nos membres glacés. Je m'aperçus que les gardiens dormaient encore dans leurs couchettes confortables. Mettant à profit cette circonstance, je m'acheminai vers la gare de Bagdad pour faire la monnaie d'une pièce d'or que la dame turque m'avait donnée en paiement de mes services. Mon intention était de revenir sur mes pas. A la gare je rencontrais un soldat arménien dont la physionomie douce et ouverte m'inspira confiance. Je lui donnai ma pièce en le priant d'aller la changer au bazar. Il consentit à se charger de la commission et il partit. Je l'attendis longtemps sous le soleil, si longtemps que je commençais à me reprocher mon imprudence. Cette pièce c'était tout ce qui me restait au monde. Mes inquiétudes cessèrent car je le vis apparaître, l'argent à la main. Ma pensée s'éclaira tout à coup d'une idée. « Frère, lui dis-je, je ne saurais vivre plus longtemps sous la pluie et dans le froid. Je suis décidée, quoiqu'il arrive, à m'enfuir en ville. Si encore je n'étais pas dans l'état où me voilà, j'aurais couru tous les risques de la situation qui nous est faite, et pâtir avec les autres jusqu'au bout. Ne pourriez vous pas me conduire jusqu'à la ville ? »

Des larmes glissèrent sur les joues du soldat : « Viens me dit-il, suis moi de loin ». Cependant j'aurais bien voulu retourner à Sébil pour y reprendre mon paquet. « N'y pense plus, me dit-il, échappe-toi pendant que les gendarmes dorment encore. Viens ». Je le suivis, non sans me reprocher en secret l'abandon où je laissais la pauvre femme dont j'avais promis d'être la sœur. J'imaginai toute l'amertume qu'elle en ressentirait, mais une force invincible me poussait en avant. Nous traversons la voie ferrée et nous entrons dans les jardins. Il y avait là un petit garçon qui vendait des *simith* (1). Le soldat me propose de le prendre pour guide. Je lui demande ce qu'il gagne dans sa journée. « Huit Pias-

(1) Sorte de craquelin.

tres », répondit-il. Je lui promets cet argent s'il veut se mettre à ma disposition. Il accepte et nous partons. Nous passons devant les premières maisons qui me parurent fort belles.

Je vois s'approcher de moi un vieillard vêtu avec une certaine recherche qui me demanda où j'allais. Avant de répondre je voulus savoir s'il était arménien ou turc. Ayant appris qu'il était Arménien je lui répondis : « Seigneur, je ne sais moi même où je vais. J'ai quitté la plaine de Sébil et je pensais demander un asile à l'Eglise. Si je pouvais trouver par ici un bienfaiteur qui voulut m'accorder l'hospitalité juste le temps nécessaire de télégraphier à mes parents de Constantinople qui viendraient à mon secours, je ne serais pas à sa charge. J'ai un peu d'argent sur moi. Je pense accoucher très prochainement. Que me conseillez-vous? » — Allez à l'Eglise en mon nom, me dit-il, et si vous n'y trouvez pas de place vous n'avez qu'à revenir. Voici ma maison vous pourrez vous installer à l'écurie à côté du cheval. Puis appelant un palefrenier, « Ahmed, cria-t-il, cette femme que tu vois va accoucher, tu la laisseras entrer à l'écurie ». « Bon », répondit le palefrenier, en soulignant sa réponse d'un sourire.

J'évoquais mentalement le souvenir du divin enfant né dans l'étable de Bethleem. Aussi je ne laissai pas de le remercier et de lui dire que j'userais de son hospitalité si je ne trouvais pas mieux ailleurs.

A l'église, je vois le prêtre à qui j'expliquai mon cas. Il appelle quelqu'un qu'il charge de me conduire à une maison hospitalière connue sous le nom de *Hokédoun*. Quel spectacle navrant! Je frémis encore au souvenir qu'il m'a laissé. Des morts jetés çà et là. Des salles emplies de malades, tous atteints de typhus. Effrayée, je retourne chez le prêtre. « Mon père, lui dis-je, je n'ai pu atteindre Alep qu'en échappant à la mort ; et c'est à la mort que vous m'envoyez. Ne pourriez vous pas me loger ailleurs ». — « Tu resteras là ou tu n'y restera pas; c'est là ton affaire », me dit-il, sans plus faire attention à moi.

En désespoir de cause, je retourne à Hokédoun. En chemin, le hasard me met tout à coup nez à nez avec le chef des gardiens du Sébil. Il me reconnaît. « Mais je t'ai vue à Sébil, me dit-il, l'air sévère. Quest-ce que tu fais par ici ? Tu t'es échappée sans doute ». Je lui répondis posément qu'étant malade j'avais été autorisée à aller en ville pour me procurer des médicaments. « Vous pensez bien, lui dis-je, que les gardiens ne m'auraient pas laissé partir sans raison valable ». Sans insister davantage, il s'éloigna. Je n'étais hélas que trop malade. Depuis les premiers jours de l'exode, les déportées étaient plus ou moins minées par la dysenterie. Pendant longtemps, je m'étais défendue contre le mal, mais j'avais fini par y succomber comme les autres. Le terrible régime auquel nous étions assujetties n'était guère fait pour en atténuer les effets. Le dysenterie je l'avais traînée à travers les routes au point qu'il ne me restait plus que la peau sur les os. A l'hospice, je tombai sur une chaise, et comme je n'avais emporté aucune provision, je restai une partie de la matinée sans boire ni manger. J'étais hantée par la peur des microbes auxquels m'exposait le voisinage de tous ces cadavres. Je ne voulais plus mourir. Je ne savais à quoi me résoudre. Fallait-il retourner à Sébil ou bien devais-je chercher un refuge dans l'écurie du riche arménien ? mais l'attitude équivoque du palefrenier Ahmed me donnait à réfléchir.

Tourmentée par la soif, je sors de l'hospice et je frappe à la porte d'une maison. Une jeune fille vint m'ouvrir et me demande d'un ton dénué d'aménité ce que je voulais. Je lui expliquais que n'ayant où me désaltérer à *Hokédoun* où je me trouvais hospitalisée, j'étais venue lui demander un verre d'eau. « Nous n'avons pas d'eau », répondit-elle, en fermant brusquement la porte. Humiliée par cette accueil, je retournais prendre ma place auprès des morts sans plus songer à autre chose qu'au moyens de m'éloigner de ces lieux dangereux.

Une rencontre extraordinaire. — Naissance de l'enfant

Je sors de l'hospice et je marche au hasard. A peine avais-je fait quelques pas dans les rues que je vois une femme s'approcher de moi et m'appeler par mon nom. Comme réveillée d'un profond sommeil, je considère l'inconnue. O surprise ! Je reconnais en elle une vieille amie. « Comment c'est toi ? s'exclame-t-elle. Ton oncle te cherche partout depuis deux mois. »

— Quoi mon oncle serait ici ? Il n'a donc pas été exilé à Ourfa, comme je l'avais entendu dire.

« Ton oncle, reprit-elle, était presque fou quand il eut appris que tu servais comme domestique chez un Turc. Au risque de sa vie ou de sa liberté, il a fait des démarches pour savoir où tu étais. Toutes ces recherches sont restées infructueuses. Oui, ton oncle est ici avec sa femme ».

A la pensée que mon oncle était là, je me sentis ranimée par une explosion de joie. « Aurait-il été exilé ici ? » lui demandais-je. « Non, me répondit-elle. Après un séjour à Aïntab il est venu à Alep par ordre du gouvernement et cela depuis les déportations. N'est-il pas au service d'une compagnie allemande ? »

Appelant un jeune homme qui était là, elle le chargea de chercher l'adresse de mon oncle et de l'avertir de ma présence. A Alep, comme en toute grande ville, il est difficile de trouver quelqu'un si on n'a pas son adresse. Ce n'est que vers le soir que le jeune homme reparût pour m'annoncer qu'il avait trouvé sa maison et qu'il était chargé de m'y conduire. Si vive fut ma joie en entendant ces paroles que je sentis mes jambes se dérober sous moi. J'allais donc retrouver un père et une mère au moment même où tout m'abandonnait ?

Nous mettons un certain temps à parcourir une foule de rues. Les minutes me paraîssaient des heures, si grande était mon impatience d'arriver. Le jeune homme s'arrête devant une porte. Il frappe. C'est ma tante qui vint ouvrir. Elle eut peine à me reconnaître. Je tombe dans ses bras, tandis que mon oncle, accouru à son tour, pleurait comme un enfant. C'étaient des exclamations de surprise et de douleur. « Mais qu'as-tu pour être si décharnée et si pâle ? Où as-tu donc ramassé cette guenille ? » Plus ils voyaient ma misère, plus grandissait l'émotion qui les étreignait.

On me mena dans une chambre couverte de tapis. Impressionnée par ce luxe, je fis cette réflexion que j'étais dès maintenant bien assurée que l'enfant ne naîtrait pas dans une écurie, et tout d'un trait je leur racontais les si tragiques événements des derniers mois. Mes récits les impressionnèrent au point qu'on en oublia les joies de la rencontre.

De toutes façons pouvaient-elles durer longtemps ! La semaine suivante, l'oncle était arrêté dans la rue et conduit sans autre formalité dans un camp de concentration formé dans la banlieue. N'était-il pas un Arménien de Turquie. Cependant la situation particulière où je me trouvais m'offrait un moyen de le sauver. Sur un avis qui nous fut donné que le gouvernement était disposé à exempter de la mesure de proscription tout chef de famille où se trouverait une femme enceinte, je présentai au vali une requête dans laquelle je le faisais passer pour mon père. Le vali transmit la pièce au bureau de la Commission des Déportés. Bon gré, mal gré, je dus m'adresser en personne à son président, celui au service duquel je me trouvais. Je m'attifais du mieux que je pus pensant qu'une toilette fraîche me changerait jusqu'à me rendre méconnaisable. Mais il me remit aussitôt et surpris, me demanda ce que je faisais là. Quelque peu décontenancée, je lui racontai mes dernières aventures : les nuits passées à Sébil sous la pluie, mes démarches à l'église où j'avais eu l'occasion d'apprendre que mes parents se trouvaient à Alep. « Enfin je suis venue vous trouver, lui dis-je, pour que vous épargniez mon père. »

« Tout ce que tu me racontes là me semble bien romanesque, répondit-il, d'un ton froidement sceptique. Va porter ta requête au médecin attaché au service municipal qui fera le nécessaire ».

Je me rendis avec ma tante à la municipalité. Grâce aux bons offices intéressés d'un huissier nous finîmes au bout de sept heures d'attente par obtenir d'être introduites dans son cabinet. Le médecin prit mon papier et sans faire autrement attention à ma personne griffonna une note en marge. La note portait ceci : « Cette femme n'accouchera pas avant quelques mois. On peut exiler. » Outrée de ce procédé, je reviens sur mes pas, oubliant tout sentiment de pudeur, j'adjure ce médecin turc de m'examiner en lui affirmant que je sentais à l'instant même les premières douleurs de la délivrance. « Va t'en », crie-t-il en accompagnant son mot d'un geste comme s'il chassait un animal importun.

Nous rentrons à la maison le cœur navré. A chaque instant je me voyais obligée de m'arrêter en chemin. Les douleurs annonciatrices se faisaient plus vives. J'arrivais juste à temps à la maison pour donner le jour à un beau garçon. Par bonheur, il ne portait sur lui aucun des stigmates des souffrances endurées par la mère.

Tout en l'enveloppant dans ses premiers langes, ma pauvre tante ne cessait de se lamenter au sujet de son mari dont la présence nous eut été si utile en cette circonstance et sa joie si grande à se trouver parmi nous. Sans tarder nous dressons une nouvelle requête dans laquelle nous prévalant de la naissance de l'enfant, nous réclamons la mise en liberté du grand'père comme soutien de famille. Par les soins du propriétaire nous obtenons que le médecin viendrait à la maison pour faire les constatations nécessaires. En pénétrant dans la pièce, il me dévisage, puis s'écrie : « C'est donc pas vous qui êtes venue hier ? Vraiment, voilà qui est extraordinaire. Je ne pensais pas que vous arriveriez à temps chez vous ». Confondue par tant de cynisme, je me contentai de lui dire : « Docteur, vous avez été sans pitié ».

On venait de baigner l'enfant. Le prenant dans ses mains il le considéra avec attention. Frappé par la vivacité de son regard, il dit : « Pour un Arménien, c'est un Arménien, oh oui, un vrai Arménien ». Flairait-il déjà dans cet enfant un futur ennemi ? Avant de m'accorder la dispense, il exigea, je ne sais trop pourquoi, qu'on lui remit la pièce où il avait inscrit la note malencontreuse. Craignait-il les conséquences de son acte ? Qui le sait ? Dans la nouvelle pièce il écrivit qu'il y avait lieu de prolonger de quinze jours le délai de déportation. Cependant le propriétaire dut encore une fois user de son crédit pour obtenir que l'oncle fut autorisé à réintégrer son domicile. L'autorisation ayant été obtenue, il crut devoir se rendre au camp pour s'assurer par lui même qu'elle serait suivie d'effet. Mais l'oncle n'était plus là : il était déjà exilé à Bab.

Comme nous réfléchissions sur les moyens de le tirer de là, voilà qu'il revient à la maison au moment où nous nous y attendions le moins. Il nous raconte qu'on l'avait compris dans un convoi formé de plusieurs centaines de déportés parti en longues files jusqu'à Bab et que le voyage s'était effectué sous une pluie torrentielle. Trempé jusqu'aux os il s'était réfugié sous une tente avec une quarantaine d'exilés, aussi mouillés que lui. Tout le monde y avait passé la nuit sur pied avec de l'eau jusqu'à la cheville.

A l'aube du jour suivant il visitait le campement, si toutefois l'on peut appeler de ce nom un entassement de malheureux sans abris et qui offrait dans son horrible misère le tableau le plus effrayant. Partout des cadavres, gisant pêle mêle avec des malades abandonnés dans la boue. Apitoyé par ce spectacle mon oncle distribuait à ces malheureux un peu d'argent, puis il reprenait tranquillement le chemin de Bab. Là après avoir fait sécher ses vêtements et mis un peu d'ordre dans sa toilette, il allait à l'hôtel ; mais sachant que les patrons d'établissements avaient reçu la consigne de ne recevoir aucun Arménien, il se faisait passer pour un Grec et prenait le nom d'Anesti.

Le lendemain il aperçoit un prêtre nestorien en train de louer une voiture pour se rendre à Alep. Il le prie de vouloir bien lui permettre de prendre place à ses côtés. Le prêtre ne fait aucune difficulté pour accéder à son désir. Les agents de la police laissent passer sans méfiance ce vieillard à la mise correcte et dont la mine rassurée était loin de faire soupçonner qu'il fut un déporté évadé de la gehenne de Bab.

La sage-femme lui posa l'enfant sur les bras. Son excellente conformation lui remit de la joie au cœur. Il l'embrassa et lui donna le nom de Tzavak (Dolorès), en disant que ce nom lui convenait, étant données les circonstances au milieu desquelles il avait vu le jour.

Nous n'étions pas au bout de nos peines. Je n'étais pas encore relevée de mes couches qu'un beau jour une voiture s'arrête à la porte et nous voyons un agent en descendre pour nous signifier l'ordre de déportation. Nous lui montrons le permis de séjour, sur quoi il se retire sans dire mot ; mais à partir de cet instant il revint régulièrement inspecter les lieux. Ses visites nous alarmaient d'autant plus que nous hospitalisions une famille composée de cinq personnes. A son apparition les hommes faisaient bien leur possible pour se cacher, mais un beau jour il pouvait emmener la femme et les enfants qu'il trouvait là.

A Alep les visites domiciliaires avaient pris un caractère général. Les Arméniens étaient de plus en plus traqués. On les arrêtait dans les rues, on les arrêtait dans les maisons. Les hommes disparaissaient sans que les familles puissent savoir ce qu'ils devenaient. Les jeunes filles étaient particulièrement visées par les policiers qui les internaient dans les corps de garde et même dans les demeures privées. Le plus triste peut-être c'est que les indigènes en général ne craignaient point d'exploiter à leur profit ce régime de terreur en faisant payer chèrement les quelques services qu'ils rendaient à ces malheureux. Policiers turcs et indigènes s'entendaient pour les rançonner à qui mieux mieux.

Comme Alep n'offrait plus un asile sûr, les Arméniens, pour se soustraire aux poursuites, avaient fini par s'arrêter à un expédient fort simple, mais qui bien que coûteux n'offrait que l'avantage de procurer une tranquillité provisoire. Dès qu'ils se voyaient arrêtés, ils déclaraient être porteurs d'un *vésica*, revêtu de la signature de Talaat bey. L'agent ouvrait la main pour recevoir un papier qui portait effectivement la griffe du ministre, mais ce papier tout-puissant n'était qu'un billet de banque de 5 à 10 livres turques.

Le délai de séjour ayant expiré, notre propriétaire fit une démarche auprès du médecin pour l'amener à consentir à une prolongation. Le *bakchich* (1) aidant, il accorda sans difficulté le répit demandé. Cependant cette garantie ne faisait qu'ajourner le danger sans le supprimer, outre qu'elle n'assurait même pas le lendemain. Pour nous soustraire à la surveillance de la police, on décida de changer de logement. Un indigène se faisait fort de nous mettre en sûreté si nous voulions lui doubler le prix du loyer de la maison qu'il nous louerait. Cet arrangement accepté, restait à résoudre la difficile question du déménagement. Un autre indigène ayant promis de s'en charger, il ne restait donc qu'à prendre possession de l'immeuble. C'est ce que nous fîmes l'oncle et moi en quittant la maison à la pointe du jour. Il avait été entendu que la tante viendrait nous rejoindre dans la soirée avec les effets; mais la nuit s'avançait sans que nous la vissions venir.

(1) Pourboire.

Les heures s'écoulaient dans de grandes pièces où il n'y avait strictement que les quatre murs, sans une chaise pour s'asseoir. Aussi l'inquiétude commençait-elle à nous gagner. Ce n'était pas sans raison, car, sur le tard quelqu'un vint nous dire que la tante avait été arrêtée comme elle se rendait chez le déménageur.

Nous ne savions que résoudre. Le pire est que nous n'osions plus retourner à la maison. Il fallut donc passer la nuit dans des pièces vides, dans le froid de l'hiver. Je passai la nuit à réchauffer le bébé dans mes bras, accroupie sur une capote que le propriétaire avait bien voulu nous laisser ; mais mon oncle était surtout sensible au chagrin que lui causait l'arrestation de sa femme. J'entrepris de le consoler en lui disant que je saurai bien la faire délivrer. Cependant une nouvelle inattendue allait vite nous consoler. La tante venait agréablement nous surprendre. Elle s'était évadée en glissant trois *medjidié* (1) à son gardien qui la laissa partir. Soupçonnée d'être une réfugiée d'Asie Mineure, on l'avait arrêtée dans la rue et comme elle protestait, l'agent l'avait traînée par les cheveux jusqu'au corps de garde.

De ce jour, ni l'oncle ni la tante n'osèrent plus se risquer dehors. Je pris sur moi le soin d'aider au déménagement et pour cacher mon identité j'adoptais le costume syrien. Les ennuis que nous avions cru pouvoir éviter en déménageant nous les retrouvions dans notre nouveau domicile. Lorsqu'un policier apparaissait dans le quartier, les enfants du voisinage accouraient nous avertir, et l'on allait se blottir au fond d'un placard. Le policier montait et se mettait sur un divan pour

---

(2) Pièce en argent d'une valeur de 4 fr. 25

interroger le propriétaire qui se défendait d'avoir des étrangers chez lui, prétendant qu'il était seul à habiter la maison.

Pendant les visites, sa femme portait mon enfant dans ses bras. Les choses se compliquèrent lorsqu'elle accoucha à son tour. Un jour que l'agent était là les deux enfants se mirent à pleurer en même temps. La dame réussit à étouffer la voix du sien sous une couverture, mais l'autre continuait à crier à tue-tête. « C'est étonnant comme votre bébé a la voix forte », fit-il observer.

Par bonheur, nous ne manquions pas d'argent. Je recevais des secours d'une sœur et de quelques cousines établies en Amérique. J'en recevais aussi de Constantinople et les ressources qui nous étaient ainsi fournies nous permettaient de faire face aux frais extraordinaires qu'une telle situation exigeait. La grande majorité de ceux qui ont impunément traversé ces indescriptibles persécutions le doivent aux secours venus d'Amérique,

Plus mon Dolorès grandissait, plus il devenait un danger pour la maison. Pour ne pas compromettre plus longtemps la sécurité des parents, je résolus de m'éloigner. A cet effet je m'adressais à un personnage d'Alep, celui qu'on appelle « le grand Baron », un Arménien, dont le dévouement exceptionnel à la cause des déportés vaut d'être signalé. On ne compte point le nombre de jeunes filles qu'il parvînt, grâce à l'influence qu'il exerçait dans tous les milieux, à arracher des griffes du persécuteur turc. J'ai vu dans les bras de sa femme un beau bébé qui était l'objet de ses soins et de sa tendresse. On l'avait trouvé près de l'église, aux pieds de sa mère, morte dans les douleurs de l'enfantement. « Le grand baron » l'avait adopté.

Les services rendus en ces circonstances par Miss Ronner ne furent pas moins remarquables. Elle dirigeait un orphelinat où bon nombre d'enfants avaient trouvé un asile que l'on croyait de tout repos. Un jour les Turcs faisaient irruption dans l'établissement et s'emparaient des pensionnaires dans le but de les islamiser. Pour échapper à cette destinée, un garçon de douze ans n'hésita pas à se suicider en se jetant d'une fenêtre. Il convient également de signaler l'orphelinat du Docteur Altounian qui comptait plusieurs centaines d'enfants et qui secondait le zèle de sa fille. Quelques dames arméniennes indigènes ne se signalèrent pas moins par leur dévouement, comme la mère Elbiss, supérieure du couvent arménien catholique, comme bien d'autres qui donnèrent du pain aux affamés et des vêtements à ceux à qui l'on avait tout pris. Je n'aurai garde d'oublier le R. P. Eskidjian, des Arméniens protestants, qui mourut d'une maladie contractée au chevet des malades, victime de sa charité.

Persécution des déportés d'Alep. — On se réfugie dans les orphelinats

L'enfant avait atteint son quatrième mois lorsque « le grand Baron » me recommanda à une famille grecque très distinguée. Mon emploi dans la maison consistait à donner des leçons d'anglais et de piano à la dame. En outre, la nuit, j'étais chargée de donner mes soins à son bébé âgé de deux mois, ce qui faisait deux nourrissons à allaiter. C'était là une besogne qui dépassait mes forces ; mais que n'aurais-je pas fait pour éviter Deïr-ul-Zor. Il est vrai que j'avais dans la journée de réconfortantes compensations. La dame était charmante de caractère et nous ne fûmes pas longtemps à nous aimer comme deux sœurs. Elle avait le goût de la musique et, le soir, lorsque le mari s'absentait, je me mettais au piano. J'interprétais des morceaux qui s'harmonisaient avec mon état d'âme, oubliant tout, m'oubliant moi-même, au point que je finissais sous le poids de la fatigue par tomber sur une chaise. Elle chantait sur sa guitare, avec un timbre de voix fort doux et mettait beaucoup de sentiment dans son jeu. Que de fois touchée par ses mélodies, me suis-je éloignée furtivement pour aller cacher mes larmes dans un coin. Son fils et sa fille avaient l'âge de mes enfants. Je reportais sur eux toute la tendresse que j'aurais eu pour les miens. Dans cette maison j'étais traitée sur le pied d'un hôte pour qui l'on a des égards. A table j'avais la place d'honneur. En un mot la vie y eut été agréable et facile si je n'avais pas eu deux nourrissons à allaiter. Les nuits je les passais sans sommeil. Quand j'arrivais à endormir l'un, l'autre se réveillait aussitôt. Souvent je laissais pleurer le mien pour donner le sein à l'autre. Seules les mères comprendront cette pénible situation. Une insomnie prolongée s'ajoutant à la nécessité de ma condition de nourrice m'avaient épuisée au point que j'entrevoyais le moment où il ne me serait plus possible de continuer.

Une circonstance fortuite vint fort à propos me délivrer. A ce moment les Turcs réquisitionnaient les maisons de la ville les plus spacieuses pour y loger leurs troupes. Celle que nous habitions fut occupée dès les premiers jours, et la famille ne trouvant pas de logement vacant, dut prendre pension à l'hôtel. Toutes les chambres étaient prises et l'on ne trouva pas à me loger. Je pris congé de Madame Constantina et encore une fois je m'adressais « au grand Baron » qui m'envoya dans un orphelinat dirigé par le R. P. Aharon. C'est un bâtiment assez vaste mais à ce moment il se trouvait encombré de plus de 700 réfugiés, composés en grande majorité de petits enfants, de femmes et de jeunes filles. C'était une écurie pour la saleté, si bien que les pensionnaires s'en trouvaient incommodées dans leur santé. Toutes sortes d'épidémies germaient dans cet air empesté, principalement l'ophtalmie qui y exerçait des ravages. Si peu hospitalière que fut la maison, cependant les femmes qui sortaient de la tourmente y auraient goûté le repos dont elles avaient besoin si leur âme n'avait été chargée de douleur. C'est en me faisant conter leurs aventures que j'ai pu me convaincre combien j'avais peu souffert en comparaison.

Des dames de Tokat et de Sivas avaient fait partie d'une grosse caravane qui avait suivi le même chemin que nous, mais qui au lieu de s'arrêter à Soroudj, obliqua sur Ress-ul-Aïn, par Ourfa. Elles furent en butte à toutes les horreurs que peut concevoir un fanatisme en délire. Si meurtriers furent les mauvais traitements qu'on leur infligea, que sur sept cents femmes, dont la caravane se composait au départ, soixante à peine purent arriver à destination. Entre autres supplices inventés par l'immonde cruauté turque je dois citer celui-ci. Les gendarmes les menèrent sur une hauteur où après les avoir fait mettre complètement à nu on les obligea à se remettre en route. Elles marchèrent ainsi pendant dix jours sous le soleil d'un été mésopotamien. D'une main elles protégeaient leur tête et de l'autre couvraient leur nudité. Elles marchèrent sous la risée et les sarcasmes des passants. Le soleil, qui leur brûlait la peau, avait formé des cloques que les gendarmes faisaient saigner à coups de fouet. Il est superflu de dire ce que fut cette détresse morale et physique, sans exemple dans l'histoire de la Barbarie. Cette caravane avait un nom, celle des *Tchiblak Barhana* (la colonne des nudités). C'est ainsi que les survivantes atteignirent Alep. Témoins de cette honte infligée à la femme, les habitants chrétiens et musulmans, s'empressèrent de leur fournir de quoi se couvrir. Chacun donna ce qu'il put, soit un mouchoir, soit une robe.

D'autres faits me furent rapportés, non moins horribles, mais qui ne peuvent prendre place dans un récit. Je rencontrais à l'orphelinat plusieurs jeunes filles qui portaient au visage le tatouage arabe. « Je leur ai résisté tant que j'ai pu, me racontait l'une d'elles. Alors ils me couchèrent à terre et tandis que les uns me tenaient bras et jambes, un autre me tatouait en dessinant à coups d'aiguille sur la peau et en mélangeant une encre noire à mon sang ». Une femme de Diarbékir, fort belle, me dit de quelle façon elle échappa au carnage dont furent victimes toutes ses compagnes de route. Au moment où, couchée sur le dos, le Turc lui mettait le couteau sur la gorge, un arabe se précipite et saisit le bras de l'exécuteur en criant qu'elle était trop belle pour qu'on la fît mourir et qu'il la prenait pour femme.

Aucune espèce d'humiliation ne fut épargnée à ces pauvres êtres. Le camp de la « Colonne des nudités » avait été transformé en un marché d'esclaves. Les femmes y étaient vendues comme du bétail, les unes à l'amiable, les autres aux enchères. Remarquons en passant que ce réveil des traditions locales en plein vingtième siècle n'a été rendu possible que par la volonté du Sultan régnant, celui qu'on appelle le « magnanime » et grâce à la complicité de son grand allié d'Occident, l'Empereur Chrétien.

A Koum-Kaleh le *caïmacam* (1) veut abuser d'une jeune fille. Celle-ci lui résiste énergiquement. Mais cela n'est pas pour gêner un fonctionnaire turc. Il appelle à son secours trois soldats qui lui prêtent l'aide nécessaire et il arrive à ses fins. Furieuse, la victime court déposer une plainte au tribunal du *Cadi* (2) et plaide paraît-il si chaleureusement sa cause qu'elle

(1) Sous-préfet.

(2) Juge religieux.

obtient la destitution du caïmacam. Les Turcs et leurs amis ne manqueront pas de faire valoir ce trait de la justice turque pour en faire ressortir les beautés. Est-il besoin d'ajouter que le cas est unique et que de toute façon, il ne peut avoir qu'une valeur anecdotique, car si les tribunaux se mettaient à vouloir punir de semblables attentats, il faudrait pendre non seulement tous les caïmacams, mais tous les habitants mâles de l'Anatolie, ou peu s'en faut.

Une femme de Sivas avait mis un enfant au monde, fruit d'un viol. Le coupable aurait bien voulu la prendre pour femme. Elle s'y refusa. Il lui arracha alors l'enfant qu'il livra à une nourrice turque pour empêcher qu'il fut allaité par sa mère, et cela parce qu'Arménienne.

On sait qu'une bonne partie de la population de Trébizonde fut noyée dans le port de cette ville, et l'on cite une femme qui entraîna avec elle au fond de l'eau son bourreau de gendarme. A Ordou ce fut un carnage général. Ma sœur Thérésa fut du petit nombre de ceux qui échappèrent au désastre. Elle devait mourir plus loin dans l'exil de Samsat, sur les bords de l'Euphrate, en soignant son mari atteint du typhus. Elle a laissé cinq orphelins à une famille géorgienne d'Ordou. Je n'en dirai pas davantage car il sied peu de parler de deuils personnels en ces moments exceptionnels de misère générale et d'immense deuil national. Je me console, d'ailleurs, à la pensée qu'ils sont morts avec honneur.

Il y avait à peine huit jours que j'étais à l'orphelinat que mon enfant était atteint d'ophtalmie. Décidément il fallait décamper. Faute de mieux, je résolus de m'embaucher dans les ateliers militaires de la 4e armée où les Arméniennes étaient admises à travailler. Le seul avantage qu'on y trouvât était e brassard qu'on était autorisé à porter et qui constituait la meilleure sauvegarde contre l'exil. Pour tout salaire on recevait trois petits pains par jour, néanmoins l'emploi était fort recherché et riches ou pauvres s'y pressaient à l'envi.

Mon enfant était tombé malade, je sollicitai un congé de trois mois que j'allais passer dans la maison de l'oncle. Il y vivait séquestré et dans la crainte d'une arrestation toujours attendue. La terreur régnait à Alep plus que jamais. Journellemeni des flots d'exilés prenaient, sous bonne escorte, les chemins du désert. On faisait autour si bonne garde que ceux qui cherchaient à s'enfuir ne tardaient pas à être repris. J'en ai connu un qui s'était sauvé jusqu'à neuf fois. Dans l'intervalle il errait dans les solitudes où il se nourrissait d'herbes sauvages. La police, toujours en éveil, fouillait sans répit les maisons. Ceux qui disposaient de quelques ressources s'en tiraient à bon compte, si l'on peut dire. Il convient de remarquer à ce propos que sans la corruption turque personne n'aurait « échappé » à la persécution. Plus d'un Arménien lui doit la vie.

Les Turcs ayant fini par renoncer à employer des femmes dans leurs ateliers, je me mis à donner des leçons en ville. Le besoin de travailler était d'autant plus pressant que l'Amérique ayant déclaré la guerre aux Empires du Centre, je ne recevais plus rien de mes parents. La disette avait fait monter le prix des denrées dans des proportions alarmantes. Il me fallait en outre de l'argent pour acheter la bienveillance des gendarmes qui mettaient à un haut prix la tolérance dont nous étions favorisés.

Je courais le cachet, tandis que la tante soignait l'enfant.

L'oncle était si heureux de l'avoir auprès de lui ! Toutefois un chagrin intime ne cessait de le ronger. Il venait de perdre sa nièce, mademoiselle Louçaper qui était depuis une vingtaine d'années attachée comme sage-femme à l'hôpital américain de Marsivan. Après les déportations des habitants de cette ville, les autorités avaient réclamé le personnel arménien attaché à cet établissement. En dépit des protestations américaines les élèves des écoles et les infirmières de l'hôpital prenaient le chemin de l'exil. Cependant Miss Whilert et Miss Geitch, persistèrent à vouloir suivre leurs élèves, protestant qu'elles ne consentiraient jamais à s'en séparer quoi qu'il advint. A Amassia le vali donna des ordres pour qu'on les empêchât d'aller plus loin ; mais elles passèrent outre et firent si bien qu'elles purent ramener cinquante jeunes filles.

L'une d'elles nous a raconté ce qui suit : « Partout où nous nous arrêtions, les Turcs insistaient pour nous engager à embrasser leur religion. Dans ces cas-là Mademoiselle Louçaper prenait la parole pour nous, et nous remontait le moral. Elle nous réunissait pour la prière que nous faisions en commun. Elle priait à haute voix : — O Dieu tout Puissant, disait-elle, toi qui as miraculeusement sauvé Daniel de la fosse aux lions, fais aussi que nous soyons délivrés des barbares ». Mais ces derniers devenaient de plus en plus entreprenants sur l'article de la conversion et se répandaient en menaces. Les gendarmes s'étant avisés au surplus que Mademoiselle Louçaper était la principale cause de la résistance s'empressèrent de l'éloigner.

C'est à Malatia qu'on apprit son décès. Comme membre de la Croix Rouge elle donnait au moment de la déportation ses soins aux soldats blessés. Les Turcs privés de ses services, protestèrent contre son exil et firent même de vaines démarches pour la faire rappeler. Elle succomba sur la route aux atteintes du typhus, forcée de marcher bien que souffrant du mal qui devait la terrasser.

Sous le coup de cette nouvelle, mon oncle fut frappé d'apoplexie. Après une maladie qui dura quatre mois il rendit son âme, nous laissant encore une fois orphelins. La tante ne pouvait se consoler de cette perte. Je lui disais : « Ne pleure pas; réfléchis que tu es la plus fortunée des arméniennes. Ne l'as-tu pas soigné, ne lui as-tu pas fermé les yeux ? Pense donc aux malheureuses qui ont vu de leurs yeux l'assassinat de leurs maris et dont les cadavres ont été abandonnés aux fauves. »

Sur ces entrefaites mon enfant aussi tomba malade. Le climat d'Alep lui était mauvais et l'on ne parvint à le rétablir qu'aux prix des soins les plus assidus. La cherté des vivres allait sans cesse croissant, à telle enseigne que le pain se vendait à raison d'une *ocque* (1) pour quatre vingt *piastres* (2). Le peu que je gagnais suffisait à peine à son entretien et, de surcroit, j'avais dû m'endetter pour faire face aux frais occasionnés par la maladie. N'y pouvant plus suffire je me préoccupais de trouver un travail plus rénumérateur. J'avais remarqué que le prix du lait était plus élevé en ville que dans les environs et qu'il y était meilleur. Cette constatation faite, je proposai à un Arménien de fournir à la mission militaire allemande, où il était employé, la quantité

(1) Mesure turque équivalant à environ 3 livres.

(2) Une Piastre turque vaut environ 0 fr. 20.

nécessaire à sa consommation journalière. A l'essai, on estima que mon lait était, comme qualité, supérieur à celui vendu par les Arabes. De ce moment je devins le fournisseur attitré de la maison et je livrai de 20 à 30 ocques de lait par jour. A cette tâche j'apportais l'attention la plus grande; mais aussi quel rude métier. Tous les matins, quel temps qu'il fît, j'allais par des chemins couverts de boue, à une demi-heure de distance dans la banlieue, veiller de près à la prise de lait; puis j'accompagnai l'homme qui chargeait la provision sur son dos pour le transporter en ville. C'était un ci-devant commerçant arménien qui, pour ne pas mourir de faim, s'était improvisé portefaix. Le bonheur des familles indigènes que je voyais sur ma route quotidienne par l'entrebâillement d'une porte rendait encore plus pénible la condition où j'étais réduite. Je me résignais pourtant à la destinée qui en me privant de tout, me faisait passer d'un métier à l'autre, tour à tour, servante, nourrice de nuit, institutrice, ouvrière, laitière. Je me résignais à l'idée réconfortante que le travail est chose sacrée et qu'il n'est point de besogne, si humble soit-elle, qui puisse déshonorer, tant que l'âme n'est pas asservie.

. . . .

Trois années sont passées, mais les souffrances de l'Arménien ne sont pas encore finies. Heureux ceux qui sont morts. Bravant toute pudeur, la Presse turque ose soutenir que les déportations décrétées par le gouvernement n'ont eu que le caractère d'un simple transfert des populations, justifié par des nécessités militaires, et que les circonstances qui les ont faites meurtrières n'auraient été qu'accidentelles; mais comme elle ne peut tout nier, elle prétend aussi que le nombre des victimes occasionné par le déplacement n'aurait pas dépassé le nombre de cent mille.

Tout cela n'est que mensonges. Effectivement, à l'apparition du décret, on nous avait fait croire que la mesure ne visait qu'un simple déplacement de la population arménienne lequel n'aurait eu qu'un caractère provisoire. Or, l'événement n'a que trop prouvé que ce n'était là qu'une tactique pour nous endormir. La Porte sentait bien que si les Arméniens s'étaient doutés de ce qui se tramait contre eux, ils n'auraient pas manqué de se soulever en masse pour défendre leur existence. Certes, il y avait parmi nous une minorité éclairée qui n'ignorait rien de ce qui se préparait, mais personne ne l'écouta. Les autorités n'avaient-elles pas dit aux notables que les déportations seraient protégées par les gendarmes, mais que le moindre mouvement provoquerait un massacre général. Cette minorité, qui voyait clair, n'a pas agi par crainte d'avoir à assumer la responsabilité d'un mouvement qui eût surexcité le fanatisme des masses musulmanes; mais les massacres n'en ont pas moins eu lieu. Il n'est malheureusement que trop prouvé aujourd'hui que nous avons péché par excès de prudence.

Les Turcs, avant tous ces événements, avaient fait un recensement général de la population. On peut déduire des chiffres établis par la commission chargée de cette opération qu'environ 4 millions et demi de Grecs, Arméniens, Syriens, Nestoriens, ont été enveloppés dans ce plan d'extermination qui vise à détruire tout élément chrétien en Orient. Toutefois les Arméniens ont été le plus cruellement décimés. C'est sur eux que s'est appesantie la rage des massacreurs.

On n'a jamais bien connu le nombre des Arméniens

d'Anatolie. D'après un recensement, vieux de quarante ans, il a été évalué à trois millions pour la Turquie entière. Il est vrai que dans l'intervalle un courant d'émigration s'est produit qui en a réduit le nombre, mais comme la race est prolifique, il y a tout lieu de croirc que les vides ont été comblés par les excédents de naissance et que le chiffre établi il y a quarante ans a de beaucoup été dépassé.

Et cependant... Dans notre maison d'Alep une belle vigne grimpante ombrageait la cour. Ses branches s'étendaient sur nos têtes formant une treille qui nous abritait contre les grandes chaleurs. Un jour le propriétaire le tailla pour lui donner plus de vigueur et des sarments coupés fit des boutures... Trois pousses surgirent du tronc, fragiles mais vertes. Je les comparai à notre race décimée. Mais les pousses ne tardèrent pas à se dépérir sous le ciel brûlant et l'on se moquât de moi : « La voilà bien ta destinée », me disaient ceux qui avaient entendu mon propos. « Patience, répondis-je ». A quelque temps de là une nouvelle pousse se faisait jour à côté du cep épargné et se développait si rapidement que l'année suivante elle nous donnait de l'ombre. Je triomphai à mon tour.

A ce moment même où tout espoir nous semble interdit, une nouvelle génération surgit de la souche mutilée et saignante qui est appelée à s'épanouir d'autant plus vigoureusement que la force des chocs est là pour l'y aider.

Tout passe, tout s'oublie. Pourtant comment oublier l'agonie arménienne à Deïr-Ul-Zor, à Racca, à Meskené, à Ress-Ul-Aïn, cimetières de la nation ? Au prix de souffrances inouïes auxquelles la plupart succombèrent, ils avaient pu atteindre ces localités et ils pensaient qu'on les y laisserait tranquilles. Ils furent bientôt détrompés. C'est là que les Turcs ont entassé leur plus formidable pyramide de cadavres humains. Je renonce à décrire des scènes qui, à force d'être horribles, apparaissent comme invraisemblables et dont les détails m'ont été rapportés par les rares rescapés de Deïr-Ul-Zor. Les déportés s'y étaient installés pour y travailler et ils firent en quelques mois de si excellente besogne qu'ils avaient fait de cette ville le centre le plus florissant de la Mésopotamie. Les Turcs jaloux de tant d'endurance et de tant d'activité, les ont exterminés jusqu'au dernier.

Un Turc, témoin oculaire du drame, a raconté que le personnage qui avait été chargé de porter de Constantinople à Deïr-Ul-Zor le message de mort, au moment où il donnait ses instructions, voit un petit enfant arménien devant lui. Il le prend, le montre à l'auditoire et dit : « Vous voyez cette chose : ce n'est rien, n'est-ce pas? Vous le considérez comme rien, et pourtant c'est un fils de reptile. Un pareil germe doit être détruit. » Et prêchant l'exemple, il tue l'enfant de ses propres mains.

Il n'y avait pas longtemps que je me trouvais à Alep quand on fit le procès d'une Arménienne inculpée d'avoir jeté son enfant dans le fleuve. Elle allait s'y jeter elle-même lorsqu'elle en fut empêchée par un gendarme. Elle fut condamnée à quinze ans de détention pour crime d'infanticide. J'ai tenu à rapporter ce fait comme l'un des plus curieux exemples d'hypocrisie judiciaire.

Mais si la vie des petits Arméniens est jugée si précieuse par leurs tribunaux, que les Turcs nous rendent compte des milliers d'innocentes victimes qu'ils ont assassinées et dont les ossements jonchent les ravins et les plateaux de l'Anatolie.

. . . .

Honneur aux Arméniens d'Ourfa ! Sans tenir compte du décret de déportation, et mettant toute hésitation de côté, ils ont organisé sur place la résistance et lutté avec un acharnement sans pareil, rendant coup pour coup. Ils soutinrent pendant plusieurs jours un combat inégal, de l'aveu des Turcs eux-mêmes qui louent leur bravoure. Les adolescents lançaient des grenades sur les masses ennemies. Des combattants blessés à la main droite continuaient à se battre de la main gauche. Les femmes ne montraient pas moins de courage que les hommes. Seule l'artillerie eut raison de l'héroïque résistance. Les Arméniens d'Ourfa sont morts, l'épée à la main. Ils ont sauvé cette chose plus précieuse que la vie : l'honneur.

Ceux de Kara-Hissar ont combattu non moins héroïquement après avoir refusé d'obtempérer aux sommations de l'ennemi. J'ai rencontré une demoiselle de Zéïtoun qui regrettait amèrement que ses concitoyens eussent prêté l'oreille aux conseils de prudence qu'on leur avait traitreusement insinués au moment où ils auraient pu prendre d'utiles mesures de défense. C'est pour s'y être tous soumis qu'ils ont tous péri.

Les Zeïtouniotes, dont les magnifiques luttes pour l'indépendance ont fait plus d'une fois l'admiration de la presse européenne, se sont laissé tromper comme les autres. Les Turcs ont fait preuve, en cette circonstance, de qualités de ruse extraordinaires. Sans doute un temps viendra où la vérité éclatera toute entière et l'on saura au juste, quels ont été les ressorts de l'innommable intrigue. Toutefois il ne servirait de rien d'en pénétrer le mystère si les fauteurs du complot et le peuple fanatique qui s'en est fait l'instrument échappaient au verdict du monde civilisé.

Comme on devait s'y attendre l'œuvre de destruction une fois achevée, les Turcs se sont retournés contre ceux qui, cédant à la crainte, s'étaient convertis à leur foi. Prenant prétexte de l'incendie de la ville d'Amassia ils les exilèrent, sur l'accusation qu'ils firent peser sur eux d'avoir brûlé cette ville. On les achemina par les routes qui mènent à Firendjiler, mais aucun d'eux n'atteignit le lieu indiqué comme devant être le terme du voyage. C'est aux environs de Malatia qu'ils furent dépouillés d'abord, puis exterminés. On raconte que les Turcs formèrent un monceau d'or avec les richesses qu'ils trouvèrent sur eux. Puis on les lia par groupes de dix et on les abattit à coups de hache. Ils n'épargnèrent qu'une trentaine d'adolescents qui furent distribués entre familles musulmanes. Quelques enfants, dont on ne voulut point, furent seulement rendus à leurs mères. Un gendarme voyant briller une dent en or dans la bouche d'un enfant, lui enleva la dent avec la pointe de son sabre. Les femmes livrées à leur sort furent dirigées vers Malatia où elles moururent toutes de faim et de maladies.

. . . .

Présentement la situation des déportés à Alep est des plus lamentables. Un petit nombre seulement de ces malheureux arrivent à gagner un peu de pain dans la couture ou comme institutrices. La majorité travaille dans les ateliers de l'armée pour 100 *direm* (1) de pain par jour. Celles qui ne trouvent

(1) Subdivision de l'ocque (3 livres). 400 *direms* ou *dirhems* équivalent à une ocque.

pas de travail en sont réduites à se nourrir de détritus qu'elles vont ramasser dans les tas d'ordures. Tout récemment, en traversant une rue d'Alep, j'assistai à un spectacle des plus caractéristiques. Des chiens errants et deux miséreuses, des déportées, fouillaient ensemble dans un même tas d'ordures pour y chercher leur pâture. Plus loin, un soldat allemand, armé d'un objectif, photographiait cette scène. Je me suis demandé quel intérêt pouvait avoir cet Allemand à conserver ce souvenir. Entendait-il garder une image de notre déchéance ou bien emporter un témoignage vivant des conséquences de la politique de son pays qui a voulu que des femmes naguère aisées tombent dans cet abîme de misère.

Bon nombre de déportées se sont faites servantes et des maisons turques en comptent jusqu'à six; mais les plus jolies peuplent les harems des employés et des officiers qui en ont fait leurs odalisques. Chacune d'elles a son histoire. Une dame appartenant à une famille notable a dû changer cinq fois de place pour échapper aux obsessions qui l'assiégeaient. C'est le cas des jeunes infirmières qui servent dans les hôpitaux militaires où elles se voient en luttes aux poursuites des médecins. Beaucoup succombent par crainte, ou pressées par le besoin. La dépression morale qui a été la conséquence fatale des traitements infâmes auxquels elles ont été soumises et dont leur âme est restée flétrie, n'est pas le moindre malheur qui ait frappé la nation.

. . . .

Je reçois une lettre de Samsoun qui m'apprend que mes enfants sont en vie. Un médecin qui arrive de là-bas m'informe d'autre part que les autorités les avaient pris à la famille grecque dans le but de les islamiser, mais que ma belle-mère avait réussi à contrecarrer ce projet, en dépit des démarches d'un employé turc qui, les trouvant jolis, manifestait l'intention de les adopter. La pauvre femme ayant dû s'en séparer pour raison de santé, ils ont été recueillis par MM. Onnik et Aram Balouktchian, et cette nouvelle me rassure quant à leur sort. Je prie ces messieurs de recevoir ici l'expression émue de ma reconnaissance. Si un jour mes deux fils sont appelés à rendre des services à la patrie, on le devra à cette famille qui, dans des circonstances aussi difficiles a eu le courage de les protéger.

Depuis trois ans je brûle de les revoir et l'espoir de les retrouver, qui ne m'a jamais quittée, me console.

Quand sonnera-t-elle l'heure où les exilées de juillet 1915 pourront rentrer chez elles. Trouveront-elles assez de larmes pour pleurer sur les ruines de leur foyer. Dès que l'œuvre de déportation eût été accomplie, les Turcs mirent en vente tous les biens meubles, appartenant aux Arméniens et les immeubles confisqués furent donnés aux émigrés musulmans. Ces barbares passèrent l'hiver en brûlant les parties combustibles des maisons. Ils s'installèrent sommairement dans une pièce et pour se chauffer ils détruisirent le reste.

Qu'importe !.., En dépit de nos pertes matérielles, de nos déboires et de nos peines, en dépit de tout, l'espoir ne cesse de faire battre nos cœurs. Nous avons trop souffert pour que nous ne rêvions pas l'avenir meilleur. Et pour atteindre ce résultat nous sommes prêts à tous les sacrifices. Telle est notre volonté d'effort que nous sommes convaincus que nous arriverons un jour à faire refleurir sur le sol de l'antique patrie une Arménie régénérée, délivrée enfin du joug odieux du Touranien. Alors les mères ne pleureront plus sur leurs filles souillées, la femme sur l'époux assassiné; les larmes des orphelins et des veuves seront taries. La nation, atteignant sous les ailes de la liberté son développement économique, intellectuel et moral, reprendra sa modeste place dans les rangs des nations éclairées.

Pour réaliser ce rêve la justice suffit. La justice est la seule chose que nous demandons au monde civilisé.

Impr. M. FLINIKOWSKI, 216, Boul. Raspail, Paris.

www.ingramcontent.com/pod-product-compliance
Ingram Content Group UK Ltd.
Pitfield, Milton Keynes, MK11 3LW, UK
UKHW021054200726
13857UKWH00003B/922

9 782012 866904